# Ödön von Horváth
# Sportmärchen, andere Prosa und Verse



Suhrkamp

suhrkamp taschenbuch 1061
Erste Auflage 1988

Suhrkamp Taschenbuch Verlag
Satz: LibroSatz, Kriftel
Druck: Nomos Verlagsgesellschaft, Baden-Baden
Printed in Germany
Umschlag nach Entwürfen von
Willy Fleckhaus und Rolf Staudt

1 2 3 4 5 6 – 93 92 91 90 89 88

suhrkamp taschenbuch 1061

*Glück* ist der erste lyrische Versuch des 18jährigen Ödön Josef von Horváth, seiner 16jährigen Freundin Gustl Emhardt ins Poesie-Album geschrieben.

»Viele Pläne gehen durch meinen Kopf«, heißt es auf einem Manuskriptblatt, das man am 1. Juni 1938 in der Tasche des toten Ödön von Horváth fand. Dazwischen liegen knapp fünfzehn Jahre, in denen drei Romane und achtzehn Bühnenstücke entstanden, Umarbeitungen und Varianten nicht mitgezählt; und es entstanden, neben einigen wenigen Versen, kleine pointierte Prosaarbeiten: *Sportmärchen* beispielsweise, die Horváth noch in späteren Jahren gelten ließ, auch zu einem Zeitpunkt, in dem er sich von fast allem, das er geschrieben hatte, distanzierte.

Dieser Band, in dem Horváths kleine Prosaarbeiten gesammelt sind, vermittelt zugleich einen Überblick über die ersten Schritte eines jungen Talentes bis hin zu den letzten Zeilen eines Frühvollendeten.

Die neue Edition der Werke Horváths trennt die Theaterstücke von den Prosawerken, ordnet die Texte dann chronologisch an, unter Beigabe der Pläne, Skizzen und Varianten. Anmerkungen zur Entstehung, Überlieferung und Textgestaltung sowie den heutigen Forschungsstand berücksichtigende Erläuterungen ergänzen jeden Band.

Band 1: *Zur schönen Aussicht und andere Stücke*
Band 2: *Sladek*
Band 3: *Italienische Nacht*
Band 4: *Geschichten aus dem Wiener Wald*
Band 5: *Kasimir und Karoline*
Band 6: *Glaube Liebe Hoffnung*
Band 7: *Eine Unbekannte aus der Seine und andere Stücke*
Band 8: *Figaro läßt sich scheiden*
Band 9: *Don Juan kommt aus dem Krieg*
Band 10: *Der jüngste Tag und anderes*
Band 11: *Sportmärchen, andere Prosa und Verse*
Band 12: *Der ewige Spießer*
Band 13: *Jugend ohne Gott*
Band 14: *Ein Kind unserer Zeit*
Band 15: *Skizzen und Fragmente*

Ödön von Horváth
Gesammelte Werke

*Kommentierte Werkausgabe in Einzelbänden*
*Herausgegeben von Traugott Krischke*
*unter Mitarbeit von Susanna Foral-Krischke*

Band 11

# Inhalt

# Verse

Glück · Du · Litanei der frommen spanisch Feuer Leut · Dienstbotenlied · Die Flitterwochen · Lieder zum Schlagzeug · A-erotisches Barmädchen · Und die Leute werden sagen

## Glück

*Dir: Gustl Embhardt*

Und der Frühling kommt ins Land –
Nebeneinand
Hand in Hand
Liegen wir:
Ich mit Dir,
Wie in einem Traum,
Unter blühendem Baum
Umhüllt von der Nacht
Und milder Blumenpracht.

Kann nicht mehr reden,
Kann nur verstehen
Ohne zu fragen
Ohne zu wagen
Zu sagen: –
Fühle ich Dich:
Mich!
In meiner Hand *meine* Hand –
Und der Frühling ist im Land –

Wenn ich schreibe:
Schreibe ich Dir.
Wenn ich schreite:
Schreit ich zu Dir.
Wenn ich denke:
Denk ich an Dich.
Wenn ich küsse:
Küsse ich Dich.

Über der Welt
Der Abend
So liebesehnenlabend.
Auf den Bergen
Das Rot.
In meiner Seele
Der Tod.

Ich lag
Auf einer Wiese
Wie in einer Wiege
Und dachte nicht –
Und sah nicht
Wie am Himmel
Die Wolken
Über das wogende Meer
Mit Donner und Blitz
Rollten.
Wie Schiffe versanken,
Wie Menschen ertranken –

Nur Dich
Sah ich:
Deine Beine,
Dein Haar,
Deiner Augen
Paar. –

Und glücklich
War ich.

Und kühler wird der Sonne Schein,
Länger die Schatten:
Dunkle Wolken ziehen

Über fahle Matten. –
Bald – Bald –
Unheimlich kalt
Rauscht der alte Wald. –

Alle Gassen
Sind verlassen
Alle Menschen schlafen.
Einsam bin ich –
So ganz allein –
Kann mir niemand raten –?

Wohin soll ich mich wenden?
Wohin soll ich gehen?
Kann ich etwas ändern
An dem, was geschehen?
Kann ich anders sein
Als ich?! – –

Kannst Du lieben
Mich? –

Ich hab meinen Vater ermordet.
Meine Mutter hängte ich auf.
Denn: Dich will ich nur lieben!!
Du sei meine Braut! –

Doch: – wenn Du mich nicht lieben kannst
So kauf mir einen Strick.
Ich bind ihn dann an einen Baum
Und häng mich auf damit. –

## Du

Wenn ich schreibe
Schreibe ich Dir.
Wenn ich schreite
Schreit ich zu Dir.
Wenn ich denke
Denk ich an Dich.
– Und wenn ich Dich küsse
Küßt Du mich nicht.

# Litanei der frommen spanisch Feuer Leut

*Jene Seuche, die Ende 1500 aus der neuen Welt nach Europa schlich, nannte das Volk »spanisch Feuer« – weil sie als Erster ein spanischer Matrose in die Frauenhäuser pflanzte.*

Herr, hie fleht vermaledeites Kraut
Mit Fraß und Krebs gar wohl vertraut
Der Eiter knospet aus der Haut
Von Geschwür und Geschwulst überblaut –
Herr, hie flehen Verbannte heut.
Herr, hörst Du uns spanisch Feuer Leut?

Nie schien uns der Tag zu grell
Wir soffen immer im Bordell
Und griffen den Weibern ins Gestell
Doch die Sonnen schwanden gar schnell –
Und Niemand, der uns betreut.
Herr, hörst Du uns spanisch Feuer Leut?

Herr, was wir auch immer begannen –
Siehe, wir sind ja nur mehr Schrammen
Die immererblühend sich selber verdammen.
Herr, erlöse uns Menscher und Mannen
Jeder von uns bereut.
Herr! Höre uns spanisch Feuer Leut!

## Dienstbotenlied

Ich bin nur ein armer Dienstbot
Und schufte den ganzen Tag.
Doch dunkelts, dann steh ich am Fenster
Nachdem ich gegessen hab.

Und denk über Giebel und Dächer –
Bin doch noch hübsch und jung
Da ruft mich auch schon die Herrin
Die boshaft ist und dumm.

Mein Herr das ist ein Hauptmann
Mit Schmissen und Seitengewehr
Und geht er über die Straße
So grüßt ihn das Militär.

So grüßt ihn mein Geliebter –
Vielleicht zur selbigen Stund
In der ich Schelte kriege
Und bin doch ein fleißiger Hund!

Und abends in das Bette
Sink ich wie ein Sack.
Doch träum ich um die Wette
Mit Herr und Herrin und Pack!

## Die Flitterwochen

Mein Liebchen das heißt Lizulein
Und ich bin groß und sie ist klein.
Halt ich abends ihre Hand
Singt sie vom Morgenland.
Und erbebt sie unter meinem Kuß
Dann sagt sie nie: »ich muß
jetzt fort – oh, lasse mich!«
Sondern nur: »Ich liebe Dich!«
Oh, Götter! wie bin ich doch zufrieden
Oben, mitten und hiernieden!
So steht dies in der »Lilie« –
Zeitschrift für Haus und Familie.

## Lieder zum Schlagzeug

I.

Bambum!!
Stepptepptepptepp
Ein Tepp durchsteppt die Welt.
Ohne Hirn. Ohne Geld.
Stepptepptepptepp
Stepptepptepptepp
Sieh – ohne Melodie
Zappelen die Knie!
Kikiriki!!
Bambum!!!
Pst!
– – – –

eine Seele steppt ins All
sie sucht ein Ideall
Pst –
: – stepptepptepp –stepptep – tep – –

II.

Noch stand auf meiner Stirne nie sexueller Schweiß
Mir Blüte von Arkansas mir wurd noch niemals heiß.
Ja sexueller Schweiß –
sexsexsexsexsex
uelluelluelluell
Well!

Noch hat mich nie betastet weder Mann noch Weib
Noch leb ich unbelastet in reiner Kitschigkeit.
Noch heit.

# A-erotisches Barmädchen

Rings von den Stirnen tröpfelt vornehmlich sexueller
Schweiß
Denn es ist nicht nur heiß
Sondern – Gott weiß!
Man trinkt Whisky, Kognak und Sekt
Allmählich wird alles bedreckt
Ria rülpst, Schulze kotzt
Draußen wird Lu vom Kellner gefotzt
Während Anette, das arme Vieh
Beißt ihrem Kavalier ins Knie.
Dies ist zwar nicht fein
Doch manchmal muß man schon unkeusch sein
Oder zumindest so tun
Als wär man ein läufiges Huhn
Als wär man von jedem Krüppel betört
Als hätt man noch nie was von Lues gehört – – –
Kusch! Ich werde nicht sentimental.
Nur radikal! Nur radikal!

## [Und die Leute werden sagen]

Und die Leute werden sagen
In fernen blauen Tagen
Wird es einmal recht
Was falsch ist und was echt

Was falsch ist, wird verkommen
Obwohl es heut regiert.
Was echt ist, das soll kommen –
Obwohl es heut krepiert.

# Das Buch der Tänze

*Die Folge der Tänze*
Märchen · Das Teehausmädchen · Pestballade · Harem · Asket · Die Perle · Groteske: Episode in China

Diese Tänze wurden in Musik gesetzt von Siegfried Kallenberg.

## Märchen

Die junge Pharaonin lustwandelt auf silbernem Kiese im Parke, wo goldrote Blumen, wie staunende Augen zahmgewordener Antilopen, ihr Schreiten begleiten; wo kluge Kakadus mit prunkvollen Schleppen, wie die stolzer Königsbuhlen, im Schatten seltenartiger, breiter Kakteensträucher auf versteinerten Sphinxen schlafen; und schwanken: wie die leiswallenden Wellen des nahen Nils.

Die schöne Pharaonin und ihr schwarzer Sklave im Parke.
Die Pharaonin wie Mondschein auf erträumten Pyramiden.
Der Sklave wie des Landes lange Nacht.
Der Sklave und Pfauenfedern vertreiben glühendbegehrende Strahlen der langsam verschmachtenden Sonne.
Die Pharaonin fühlt die ihre samtenen Haare liebkosende Luft. Und denkt an den alten Pharao, der irgendwo ...
Und lächelt ...
Und lauscht in das tiefe Schweigen der erbleichten Weiten.

Und die Pharaonin hört heilige Weisen ...
wie ebengeweihte keusche Priesterinnen im niebetretenen Tempel der Isis
wie gefangene stolze Königinnen zerfallener Reiche
wie nackte brünstige Mädchen der Freude

Heilige Weisen zwangen den stummen Sklaven zu tanzen.

Tanzen ...
bis ihr zartes Antlitz gleich einer hellen Silhouette in

dunklem Grunde auf seiner schwarzen, breiten Brust ruht.

Und der dumme Sklave fächelt . . . . . .

Die junge Pharaonin lustwandelt auf silbernem Kiese.

## Das Teehausmädchen

*Dir, Kay Christènsen*

Das Teehausmädchen erwachte . . .
und alles lag vom Tau berauscht im Kreise, nur leise enteilte die Zeit.

und das Teehausmädchen tanzte . . .
und da tanzten die Wogen, die Wälder, die Wolken, die Welten . . . und alles spielte und sang im Kreise, nur leise enteilte die Zeit.
Sieh, sogar die rote Sonne tanzt!
doch schon glitt sie aus . . . saust hinab in endlosem Raum . . .
Sieh, die rote Sonne starb.

Und da Mond und Sterne noch schliefen ward es ewige Nacht.

Es erwachte nie wieder . . .
Das Teehausmädchen.

# Pestballade

*Dir, Otto Bacher*

Ein Matrose steht in Kalkutta.
Und eine fremde Sonne sendet so sengende Blicke auf seinen windschiefen Scheitel herab.
Die rote Sonne das Cyklopenauge der tiefblauen Himmel.
Unten im träggrauen Ganges ihr blasses Bild.
Und weit über dem Ganges, weit über dem Meere lebt die Heimat . . .
Großvater baute das Haus
in wiederkleingewordener Stadt . . .
Du Stube mit Heiland am Kreuze über kleiner Wiege
Du Rosenfenster
müde scheinen einer Alten weiße Haare durch das Grün und Rot
und denkt . . .:
Ein Matrose steht wo in der Welt . . .

Bajadere
braun und biegsam
wie spielende Panther
schmiegsam
wie Urwald-Lianen
Und Augen!!
eigenartige Geschmeide
heiliggepriesene Edelgesteine
leuchtend in Purpur und weicher Seide . . .
Zähne:
mit Wüstensonnen kämpfende weiße Messerschneide.

Matrose
Blut bäumt, heult . . .: die!!
Alle und Alles
die Alte
den Ganges
den Heiland vergessen . . .
Vergessen!
. . . und wirft sich auf sie . . .

Doch Bajadere lächelt.

Und er reißt sie an sich und beißt in sie . . .
Und Bajadere ist tot.

Langsam, wie Kindheitserinnerungen die kranken Gehirnbänder in eines Wahnsinnigen kahlem Schädel entlanghuschen, und leise, wie in kühlen Vorfrühlingsnächten die ersten zagen Sonnenstrahlen sich in nackte Zinshausräume schleichen
dämmert es in ihm . . .
warum
Alles so graugeworden
warum
rennt Alles im Kreise
wie Silbergäule
im Kreise, im Kreise, im Kreise . . .
Grau aus dem Ganges grinst es
hohle Höhlen rauben Augen
Knochen zerbröckeln
Fetzen gelbgrüner Haut
wie entgleitende Schlangen
Erbarmen!
müde . . .   . . .
Mutter!!

Und ein Matrose starb in Kalkutta.

Und die Stube mit Heiland am Kreuze über kleiner Wiege
alt scheinen einer Mutter weiße Haare durch das grün und
rot . . .
und schaut hinaus in den Herbst
und etwas würgt ihr altes Herz . . . :
Vielleicht
bis er wiederkommt
bin ich schon tot.

# Harem

Es gibt Gärten im weißen Wüstensand.
Breit beschweren geheimnisvolle Gewebe die heißatmende Erde: Blüten mit glitzernden Helmen auf ernsten Köpfen; wie weithinsichtbare goldene Kuppeln heiliger Moscheen. Daneben streben gelbe und zarterbaute Minaretts in den hellen Himmel hinein; lind liebkost sie der Wind; denn sie sind zerbrechlich als wären sie Glas.

Und hinter engen und vergitterten Fenstern, bewacht von fetten und dummen Eunuchen, leben Frauen ohne Schleier . . . liebende Blumen
schlafen auf von Kaisern gebrachten Teppichen
schreiten über weiche, seidene Polster
spielen am Rande leislispelnder Fontänen
Irgendwo tanzt eine nackte, schöne . . .
Und irgendwo leidet eine vergessene Frau und schaut durch starke Stäbe auf einen bleichen, weit Hergereisten . . .

Schweigen . . .
Schrei schrillt!!
Weib weht in den Raum . . .
Ihre kleine Brust will goldene Fesseln sprengen.

Und er
der Kalif in grün und gold
rund wie ein Ball
rollt hinterher!
und hüpft vor Wut rot
und eine nackte Damaszenerklinge klingt . . .

Und der Raum hat kein Tor.

Weib weint
im von rohen Häschern herabgerissenen Gewand
krallt in die kostbar behangene Wand
ermattetes Wild am Abgrundrand
nackte Klinge klingt
große Augen flehen und fragen
wie hungernde Kinder an kalten Tagen
Klinge klingt . . .
Hoch hüpft der Kalif:
Die Lust!

Und eine singende Klinge treibt sie tanzen . . .
und denken an langvergangene Zeiten
draußen auf mondbegleiteten Heiden
an den bleichen, weit Hergereisten . . .

Es grinst der Allmächtige und reibt sich den Bauch.
Denn sie tanzt! Und zerfällt in Stücke
und umschmeichelt seine diamantenen Pantoffeln.

Da gleiten gelinde fette Finger in ihr langes, dunkles Haar und beugen ihr Antlitz in den glatten Nacken und er schaut in betende Augen.
Und zeichnet einen dünnen roten Strich auf ihrem blassen Halse.

Schmunzelnd zieht er blaublutende Damaszenerklinge durch sein breites Maul,
Als wärs eine feine Frucht.

## Asket

Einer büßt im Himalaya

was er als König getan, der mit weicher Seide angetan in seiner Paläste Labyrinthen in Wolken heiliger Hyazinthen ging, und tausende schönster Frauen und weißer Elefanten seinem launischen Auge lauschten, und alle Dinge waren wie seine Sklaven . . .

Einer leidet in öder Nacht, weil er vergaß, daß Einer ist,
der Alles maß.
Einer wartet.

Wartet auf einen Morgen
der da kam
als träumten junge Mütter ohne Sorgen . . .

Einer war geworden.

# Die Perle

*Für Siegfried Kallenberg*

Tief . . . :
im dunkelgrünkühlen Schoße der mächtigen Meere
träumt die einsame Perle.

Alle Abend, wenn die fahlen Strahlen des reifgewordenen Mondes auf den finsteren Fluten tanzen, erwacht die Perle und lächelt milde und blendet Alle; denn sie ist die Unberührte: lebt nicht wie ihre so jung dahinsterbenden Schwestern der Erde, die als bunte Blumen blühen.

Alle Abend, wenn die fahlen Strahlen des reifgewordenen Mondes auf den finsteren Fluten tanzen, starrt von verlassenen Gestaden der junge Siamese auf der Perle bleichen Bau; und träumt . . .:
wenn sie nur nicht so weit wäre
wenn ich sie umarmte
wenn ich sie besäße
alle Herrlichkeiten der reichen Welt wären mein!
wenn . . .
wenn . . .   . . .

Alle Nacht sinkt er in die schlafenden Wogen, wie ein von einem gealterten Sterne geschleuderter schwerer Stein; tastet in der Dunkelheit einem blinden Bettler gleich, der den schmalen Pfad querüber das hungernde Moor verlor. Und unten leuchtet und lockt die weiße Perle und zieht ihn immer tiefer und tiefer hinab in das Meer, in ein Grab ohne Grund.
Überall kauert der Tod und lauert.

Perle . . . Perle . . .

Da
Erde!!

Stehend auf Erde
hat er die Perle
mit seinem roten Netze gefangen.

Und er schleift sie mit sich in sein Reich; und sie muß tanzen, wie er will, immer ihm nach: durch den lauschenden Wald, über gesegnete Fluren, durch die funkelnde Stadt, hinauf auf die eisumbrandeten Berge . . . tanzen auf seiner werdenden Welt jauchzende Melodein!
Denn er hat die Perle gefangen!

Breitet am Höchsten der nebelbefreiten Gefilde die Arme aus und will in die Welt schreien . . .:
Glück!!

. . . doch da er die Hände erhob, ließ des roten Netzes Ende los und die Perle schält sich daraus und stülpt sein rotes Netz über sein Haupt . . .

Und der Fischer muß tanzen, wie sie will, immer ihr nach: von den Gott erstrebenden Höhen herab, durch den weinenden Wald . . . in das erboste Meer.
Grau steigt es vor ihm empor . . .:
Das Nichts.

Und der Fischer bohrt die Fersen in den gelben Sand am Strand und bäumt sich auf . . .
und beißt in die roten Seile und fleht sie an.
Und betet.

Doch die Götter bleiben taub.

Denn er ist von der Perle gefangen.
Und am Morgen ist er tot.
Verwest in seinem roten Netze.

Tief . . .
im dunkelgrünkühlen Schoße der mächtigen Meere
träumt die einsame Perle.

## Episode in China
*Groteske*

Nacht, laue, blaue Nacht.
Südchinesische Märchenpracht.
Erbebende Pfirsichblüten berauschen über schweigende Teiche auf schwebenden Stegen als Lampionen tastende Dämonen.

Kleine Chinesin ergraute . . .
denn ein kleiner Mandarin wartet in dunkeler Nacht.

Was will wohl ein kleiner Mandarin . . . ?

Mond und kleine Chinesin trippeln dahin . . .
Wohin . . . ?
weint ein kleiner Mandarin allein in dunkeler Nacht.

Mitternacht. Mitternacht.
Traurig lacht
dreht dann sacht
langen Zopf
um unter Kinn
ein kleiner Mandarin.
Einmal.
Zweimal.
Dreimal.
Zunge quillt grün heraus.
Alle Lampionen sterben aus.

Nacht, laue, blaue Nacht.
Südchinesische Märchenpracht.

# Lieder für Siegfried Kallenberg

Schlaf meine kleine Braut · Sehnsucht · Ständchen

## Schlaf meine kleine Braut

Schlaf, meine kleine Braut, ich will dich in meinen Armen halten
wie Gott die Gebete einsamer Menschen.
Schlaf, meine kleine Braut,
geh in Märchenseide
und lebe im Reiche dunkler Mittsommerträume
und schau in der hohen Himmel Blau
und wenn du vorübergehst an den heiligen Hainen
so denke an mich.

Schlaf, meine kleine Braut und ich weiß,
wenn ich über dein Haar streiche,
so hältst du Hochzeit mit dem Märchenkönig.
Schlaf meine kleine Braut,
und er wird dir nichts tun, der böse Mann
denn ich bin bei dir.
Schlaf nun – – du – –

## Sehnsucht

Durch meines Lebens graue Gasse
geht das Nimmervondirlassen
geht das Nimmervondirlassen
und singt und singt so leise
uralte Weise
und summt und verstummt und weint
wie Heimweh
und es gaffen die grauen Gassen
Wer bist du Nimmervondirlassen?

# Ständchen

O liebes Nachtwächterlein,
schlafe bitte bald ein
Schau die Nacht wurde blond
Nur es wachet der Mond
Und der lacht
in die blaublonde Nacht.
O Augen [. . . ?] liebes Geliebtchen
bete zur heiligen Zain
es wolle aus sein dein Kummerlein
und wiege uns ein
wie in einem daheim

O liebes glaub
wie der Tag dann graut
dann lausche laut
wecke mich und meine Braut
damit nur niemand zuschaut
damit nur niemand etwas glaubt
O liebes Nachtwächterlein schlafe, schlafe bald ein.

# Sportmärchen

*Was es alles gibt*

Der Faustkampf, das Harfenkonzert und die Meinung des lieben Gottes · Start und Ziel · Der sichere Stand · Legende vom Fußballplatz · Regatta · Vom artigen Ringkämpfer · Vom unartigen Ringkämpfer · Der große und der kleine Berg · Was ist das? · Stafetten · Wintersportlegendchen · Vom wunderlichen Herrn von Bindunghausen · Über das Meer · Aus einem Rennradfahrerfamilienleben · Begegnung in der Wand · Die Mauerhakenzwerge · Die Eispickelhexe · Die Beratung · Aus Leichtathletikland

## Der Faustkampf, das Harfenkonzert und die Meinung des lieben Gottes

! k. o. !! k. o. !!!
heulten grelle Plakate in die Stadt; und der eines überhörte, dem sprangen drei ins Gesicht:
! k. o. !! k. o. !!!

Und nur ein einziges Zeitschriftlein wagte zu widersprechen; aus eines schwindsüchtigen Buchladens schmalbrüstiger Auslage wisperte sein fadenscheiniges Stimmlein:
Harfenkonzert – – – Harfenkonzert – – –

Tausende gingen vorbei bis einer es hörte; und das war ein grauer grober Mann, der sogleich stehen blieb; auf seine niedere Stirne zogen finstere Falten und aus seiner Tasche quoll ein großer gelber Zettel, den er knurrend auf das Fenster der Auslage klebte; und der Zettel brüllte bereits kaum die Scheibe berührend derart durchdringend, daß Männlein und Weiblein von weitumher zusammenliefen:
! k. o. !! k. o. !!!

Da verstummte das Zeitschriftlein, denn nun schwand auch seine letzte Hoffnung; und in dem Schatten, den das tobende Plakat auf sein kleines Titelblatt warf, ward es sich klar, daß seine Sache im Sterben sei. Und es schlich aus der Auslage, riß sich in Stücke und erhängte sich an einem gewissen Orte.

Später, als man das dem lieben Gott mitteilte, da zuckte er die Achsel und meinte:
»Hja, mein Gott – – –«

# Start und Ziel

Manchmal plaudern Start und Ziel miteinander.

Es sagt das Ziel:
»Stände ich nicht hier – – – wärest du ziellos!«

Und der Start sagt:
»Das ist schon richtig; doch denke: wäre ich ziellos – – –
was dann?«

»Das wäre mein Tod.«

Da lächelt der Start:
»Jaja – – – so ist das Leben, Herr Vetter!«

# Der sichere Stand

Einst kletterte ein Kletterer über einen berüchtigten ungemein brüchigen Grat empor – – – und fürwahr! er war ein kühner Bursche: denn selbst von Zacken mit Zipperlein (die nur noch den erlösenden Rülps ersehnten um die Fahrt nach dem Friedhof tief unten im Kar antreten zu können) rief er denen, die hinter ihm herkletterten, zu:
»Kommt immer nur nach! Habe sicheren Stand!«

Und einmal hielt er sich gar nur mit zwei Fingerspitzen der linken Hand an einem kaum sichtbaren Griff, doch schon rollte er rasch mit der Rechten das Seil ein und schrie:
»Sicherer Stand!«

– – – da seufzte sein Griff und brach ab: kopfüber flog er aus der Mutterwand und mit ihm unser Kletterer, während ein scharfer Stein schmunzelnd das Seil durchbiß – – – – – – und erst nach gut fünfhundert Metern klatschte er wie eine reife Pflaume auf eine breite Geröllterrasse. Aber sterbend schrie er noch seinen Gefährten zu:
»Nachkommen! Sicherer Stand!«

War das ein Optimist!!

# Legende vom Fußballplatz

Es war einmal ein armer kleiner Bub, der war kaum sieben Jahre alt, aber schon loderte in ihm eine Leidenschaft: er liebte den Fußball über alles.

Bei jedem Wettspiel mußt er dabei gewesen sein: ob Liberia gegen Haidhausen, ob Belutschistan gegen Neukölln – – – immer lag er hinter einem der Tore im Grase (meistens bereits lange vor Beginn) und verfolgte mit aufgerissenen runden Kinderaugen den mehr oder minder spannenden Kampf. Und wenn ein Spieler grob rempelte, ballten sich seine Händchen erregt zu Fäusten und mit gerunzelter Stirne fixierte er finster den Übeltäter. Doch wenn dann vielleicht gar gleich darauf des Schicksals Laune (quasi als Racheakt) ein Goal schoß, so tanzte er begeistert und suchte strahlend all den Anderen, die um ihn herum applaudierten, ins Antlitz zu schauen. Diese Anderen, die neben ihm lagen, waren ja meistens schon um ein oder zwei Jahre älter und andächtig horchte er, wenn sie sich in den ungeheuerlichsten hochdeutschen Fachausdrücken, die sie weiß Gott wo zusammengehört hatten, über die einzelnen Spieler und Clubs ergingen; ergriffen lauschte er trüben Weissagungen, bis ihn wieder ein wunderbar vollendet geköpfter Ball mit sich riß, daß sein Herz noch höher flog wie der Ball.

So saß er oft im nassen Grase. Stundenlang.
Der Novemberwind schmiegte sich an seinen schmalen Rücken, als wollt er sich wärmen und hoch über dem Spielplatz zog die Fieberhexe ihre Raubvogelkreise.

Und als der Schlußpfiff verklungen war, da dämmerte es bereits; der kleine Bub lief noch einmal quer über das Feld und ging dann allein nach Hause. In den leeren Sonntagsstraßen war es ihm einigemale als hörte er Schritte hinter sich: als schliche ihm jemand nach, der spionieren wolle, wo er wohne. Doch er wagte nicht umzuschauen und beneidete den Schutzmann, der solch große Schritte machen konnte. Erst zuhause, vor dem hohen grauen Gebäude, in dem seine Eltern den Gemüseladen hatten, sah er sich endlich um: ob es vielleicht der dicke Karl ist mit dem er die Schulbank teilt und der ihn nie in Ruhe läßt – – – aber es war nur ein dürres Blatt, das sich mühsam die Straße dahinschleppte und sich einen Winkel suchte zum Sterben.

Und am Abend in seinem Bette fror er trotz tiefroter Backen; und dann hustete er auch und es hob ihn vornüber, als haute ihm der dicke Karl mit der Faust in den Rücken.

Nur wie durch einen Schleier sah er seiner Mutter Antlitz, die am Bettrande saß und ihn besorgt betrachtete; und er hörte auch Schritte im Zimmer, langsame, hin und her: das war Vater.

Der Nordwind hockte im Ofenrohr und zu seinem Gesumm fingen Regenbogen an einen Reigen um ihn zu tanzen. Er schloß die Augen. Da wurd es dunkel. Und still.

Doch nach Mitternacht wich plötzlich der Schlaf und feine Fingerknöchelchen klopften von außen an die Fensterscheibe – – – und er hörte seinen Namen rufen – – – »Hansl!« rief eine sanfte Stimme – – – »Hansl!«

Da erhob sich der kleine Bub aus seinem Bette, trug einen Stuhl vor das Fenster, erkletterte ihn und öffnete – – –: draußen war tiefe stille Nacht; keine Trambahn läutete mehr und auch die Gaslaterne an der Ecke war schlafen gegangen und – – – vor seinem Fenster im vierten Stock schwebte ein heller Engel; der ähnelte jenem, welcher Großvaters Gebetbuch als Spange umschloß, nur, daß er farbige Flügel hatte: der linke blau und gelb: das waren die Farben des Fußballvereins von Oberhaching; der rechte rosa und grün: das waren die Farben dessen von Unterhaching; seine schmalen Füße staken in purpurnen Fußballschuhen, an silberner Sternenschnur hing um seinen Schwanenhals eine goldene Schiedsrichterpfeife und in den durchsichtigen Händen wiegte sich ein mattweißer Fußball.

»Schau – – –« sprach der Engel – – – »schau!« und köpfte den Ball kerzengerade in die Höhe; der flog, flog – – – bis er weit hinter der Milchstraße verschwand.

Dann reichte der Himmlische dem staunenden Hansl die Hand und lächelte: »Komm mit – – – zum Fußballwettspiel – – –«

Und Hansl ging mit.
Wortlos war er auf das Fensterbrett gestiegen und da er des Engels Hand ergriffen, da war es ihm als hätte es nie einen dicken Karl gegeben. Alles war vergessen, versank unter ihm in ewigen Tiefen – – – und als die beiden an der Milchstraße vorbeischwebten fragte der kleine Bub: »Ist es noch weit?«
»Nein«, lächelte wieder der Engel, »bald sind wir dort.«
Und weil Engel nie lügen leuchtete bald durch die Finsternis eine weiße rechteckige Fläche, auf die sie zuflogen.

Anfangs glaubte Hansl es wäre nur ein Blatt unliniertes Papier, doch kaum, daß er dies gedacht hatte, erfaßte sein Führer auch schon den Rand; nur noch ein Klimmzug – – und es war erreicht!

Doch wie erstaunte da der kleine Bub!
Aus dem Blatt unliniertem Papier war eine große Wolke geworden, deren Oberfläche ein einziger herrlich angelegter Fußballplatz war; auf buntbewimpelten Tribünen saßen Zuschauer wie sie in solcher Zahl unser Kleiner noch bei keinem Wettspiel erlebt hatte. Und das ganze Publikum erhob sich zum Gruß und aller Augen waren voll Güte auf ihn gerichtet, ja selbst der Aufseher, der ihn doch sonst immer sofort hinter das Tor in das nasse Gras trieb, führte ihn unter fortwährenden Bücklingen auf seinen Platz: Tribüne (!) Erste Reihe (!!) Mitte (!!!)

»Wie still nur all die Leute sind!« meinte der kleine Bub. »Sehr recht, mein Herr«, lispelte der Aufseher untertänig, »dies sind ja auch all die seligen Fußballwettspielzuschauer.«

Unten am Rasen losten die Parteien nun um die Sonne-im-Rücken-Seite und – – – »das sind die besten der seligen Fußballspieler«, hörte Hansl seinen Nachbar sagen; und als er ihn ansah nickte ihm dieser freundlich zu: da erkannte er in ihm jenen guten alten Herrn, der ihn einst (als Borneo gegen Alaska verlor) vor dem dicken Karl verteidigte; noch hielt er den Rohrstock in der Hand mit dem er dem Raufbold damals drohte. Wie der dann lief!

Unermeßliche Seligkeit erfüllte des armen kleinen Buben Herz. Das Spiel hatte begonnen um nimmermehr beendet zu werden und die Zweiundzwanzig spielten wie er noch nie spielen sah. Manchmal kam es zwar vor, daß der eine oder andere dem Balle einfach nachflog (es waren ja auch lauter Engel) doch da pfiff der Schiedsrichter (ein Erzengel) sogleich ab: wegen unfairer Kampfesweise.

Das Wetter war herrlich. Etwas Sonne und kein Wind. Ein richtiges Fußballwetter.

Seit dieser Zeit hat niemand mehr den armen kleinen Buben auf einem irdischen Fußballplatze gesehen.

# Regatta

Tausend Fähnlein flattern im Wind:
regettete regattata

In hundert Segel speit der Wind:
Huuuu – – –

Einer wird Erster, einer wird Letzter:
Regatta!

Einer ist munter:
regattattatatararaaa!!!

Einer geht unter:
r.

# Vom artigen Ringkämpfer

Manche Menschen besitzen das Pech zu spät geboren worden zu sein. Hätte zum Beispiel der Ringkämpfer, den dies Märlein des öfteren ringen sah, Sonne und Sterne nur tausend Jahre früher von der Erde aus erblickt, so wäre er wahrscheinlich Begründer einer Dynastie geworden – – – so aber wurd er nur Weltmeister.

Nichtsdestotrotz war er artig gegen jedermann. Selbst gegen unartige Gegner, selbst gegen ungerechte Richter. Nie hörte man ihn murren – – er verbeugte sich höflich und rang bescheiden weiter; und legte alles auf beide Schultern.

So ward er Beispiel und Ehrenmitglied aller Ringkämpfer-Kongregationen.

Eines Nachts nun (es war nach seinem berühmten Siege über den robusten kannibalensischen Herkules) setzte sich Satan in persona an sein Bett und sprach wie eine Mutter zu ihrem Kinde:

»Ach, du mein artiges zuckersüßes Würmchen, wenn du mir folgst und den bösen Erzengel besiegst, so schenk ich dir auch etwas Wunderwunderschönes!«
»Was denn?« frug gar neugierig unser braver Ringkämpfer.
»Die Welt!« flüsterte Satan und stach mit dem Zeigefinger in die Luft.
Doch da gähnte der artige Knabe:
»Danke dafür – – – bin ja bereits Weltmeister.«

## Vom unartigen Ringkämpfer

War das ein unartiger Ringkämpfer!
Wie der kratzte, pfauchte, biß und schlug! Haare ausriß, Bein stellte und Finger brach (selbst wenn der Gegner nur seine Hälfte wog!) – – – bei Gott! es war platterdings das unsportlichste Ungeheuer, das jemals die Matte entweihte!

Und wie eitel er war!
Sah über alles hinweg (wohl weil sein kurzes Köpfchen kraft seines Corpus alles überragte) und sprach nur mit dem Spiegel, vor dem er gar gerne, manchmal sogar schäkernd, seine Muskeln spielen ließ. Und als er sieben Jahre unbesiegt blieb, schwor er schier jeden Eid, daß es vor ihm noch nie einen Weltmeister gegeben habe.

Eines Abends nun kam er an einem alten Kloster vorbei, dessen Kirchlein sich einst einen Turm gebaut, wohl um des lieben Gottes Stimme besser erhören zu können. Und rings um das Zifferblatt auf seiner Stirne mahnten die Worte aus Stein:
»Unser Herr Tod
Kennt kein Gebot«

Als dies der unartige Weltmeister las, da fuhr ihm die Schlange Übermut ganz in den Bauch und juckte ihn dortselbst derart, daß er mit seinen Riesenhänden das Türmlein um den Hals packte; und feist grinsend preßte er dessen Kehle zu – – – bis die Turmspitze entseelt herabhing, wie eines Erhängten Kopf in Zipfelmütze.

Nach dieser Untat verschwand unser starker Mann überaus befriedigt in dem Gasthof um die Ecke, zum »Asketen Sport«. Dort trank er roten und weißen Ungarwein und ließ die Päpstin der Amazonen hochleben --- denn dies war die einzige Frau, die er schätzte.

Und als er sie das siebenundsiebzigstemal hochleben ließ, da ward er plötzlich von dem Verlangen nach jener Einsiedelei geplagt, von der die Sage geht, daß man sie meistens nur durch einen hinteren Ausgang erreichen kann. Dort schrieb er, während er sich entleerte, mit Kreide an die Wand:
»Unser Herr Tod
Kennt kein Gebot«

Da traf ihn der Schlag.

Ein anderer Weltmeister war eingetreten und legte den unartigen Ringkämpfer auf beide Schultern, obwohl er körperlich weit leichter war, denn er bestand ja nur aus Knochen ---

Aber er besaß eine brillante Technik!!

## Der große und der kleine Berg

Als einst der große Berg, der vor lauter Erhabenheit schon schneeweiß geworden war, dem kleinen Berge gebot:
»Staune ob meiner Größe!«
antwortete jener Felsenzwerg schnippisch nur dies:
»Wieso?«

Da reckte sich der Riese und sein Scheitel berührte die Wolken, als stünde Goliath in einer niederen Bauernstube – – – und durch seine drohende Stimme lief das Grollen der Lawinen:
»Ich bin der Größere!!«

Doch der kleine Berg ließ sich nicht einschüchtern:
»Aber ich bin der Stärkere!«

Wie lachte da der große Berg!

Doch der Kleine wiederholte stolz:
»Ich bin der Stärkere, denn ich bin der Schwierigere! Du wirst bei unseren Feinden, den Bergsteigerkreisen, nur als leicht belächelt, ich hingegen werde als sehr schwierig geachtet und gefürchtet. Mich ersteigen jährlich höchstens sieben! Und dich – – –? Blättere nur mal nach in deinem Gipfelbuch, dort steht der Unterschied unverfälschbar!«

Auf das sichere Auftreten des bisher (über die Achsel) Angesehenen hin wurd der Große doch etwas stutzig und blätterte stirnrunzelnd in seinem Gipfelbuche und – – – oh, Graus!

– : Namen, Namen, zehntausende! und was für Namen!! fünfjährige Kinder und achtzigjährige Lehrerinnen!!

Er zitterte.

Da bröckelten Steine aus seiner Krone und wurden als Steinschlag eines Bergsteigers Tod, der wenn er seinen Namen in ein Gipfelbuch schrieb, immer nur dies dachte: »Berge! staunet ob meiner Größe!«

Und als dies der große Berg erfuhr, sagte er nur:
»Wehe mir!«

# Was ist das?

Zwei Schwergewichte werden als Zwillinge geboren und hassen sich schon in der ersten Runde ihres Daseins. Aber nie reicht die Kraft, um den anderen im freien Stil zu erwürgen, nie wirken die heimlich im Ring verabreichten Gifte genügend gefährlich und alle Schüsse aus dem Hinterhalt prallen von den zu Stein trainierten Muskelteilen (vom Gürtel aufwärts!) ab.

Und so leben die beiden neunzig Lenze lang.

Aber eines Nachts schläft der eine beim offengelassenen Fenster, hustet dann morgens und stirbt noch am selbigen Abend.

Was ist das?

Ein Punktsieg.

# Stafetten

Nur an der Schaltjahre Schalttagen treffen sich die Brüder Stafetten zu einem gemütlichen Plausch.

Die Stafette von und zu Ski erzählt von korrekt verschneiten Tannenwäldern, drolligen Lawinenkindern, neckisch vereisten Stellen und störig verharschten Sprunghügeln.

Die Stafette aus dem Stadion ergeht sich in Prophezeiungen über die Aussichten der guten und schlechten Starts anläßlich einer Nachricht über Möglichkeit der Abhaltung des jüngsten Gerichts und liest zwecks seelischer Gesundung mahnende Stellen aus dem Werke »Das ewige Übergeben« vor.

Die Schlittschuhstafette propagiert mit einem Temperament, das der Laie ihrer eisgrünen Hornbrille niemals zutraute, die Erbauung künstlicher Eisbahnen – – – wegen der immer mehr zunehmenden Impotenz der Stadtwinter.

Und die Schwimmstafette gibt Ergötzlichkeiten aus Wiesenbächen und Weltmeeren zum besten; unter anderem, von einer neuentdeckten Sardinenart, für die der freie Stil ein Buch mit sieben Siegeln sei, und von menschenfressenden träumerischen Tiefseelilien.

Zu all dem trinkt man köstlichen Kaffee und raucht seinen Lieblingstabak.

Kurzum:
unvergeßliche Stunden!

## Wintersportlegendchen

Wenn Schneeflocken fallen binden sich selbst die heiligen Herren Skier unter die bloßen Sohlen. Also tat auch der heilige Franz.

Und dem war kein Hang zu steil, kein Hügel zu hoch, kein Holz zu dicht, kein Hindernis zu hinterlistig – – – er lief und sprang und bremste derart meisterhaft, daß er nie seinen Heiligenschein verbog.

So glitt er durch winterliche Wälder. Es war still ringsum und – – – eigentlich ist er noch keinem Menschen begegnet und auch keinem Reh. Nur eine verirrte Skispur erzählte einmal, sie habe ihn auf einer Lichtung stehen sehen, wo selbst er einer Gruppe Skihaserln predigte. Die saßen um ihn herum im tiefen Schnee, rot, grün, gelb, blau – – – und spitzten andächtig die Ohren, wie er so sprach von unbefleckten Trockenkursen im Kloster »zur guten Bindung«, von den alleinseligmachenden Stemmbögen, Umsprung-Ablässen und lauwarmen Telemarkeln. Und wie erschauerten die Skihaserln, da er losdonnerte wider gewisse undogmatische Unterrichtsmethoden!

# Vom wunderlichen Herrn von Bindunghausen

## I

Wächtengleich droht des Herrn von Bindunghausen Burg dort droben auf jenem Sprunghügel, der trutzig verharscht in lawinenloser Landschaft wurzelt.

Seht Ihr? – – – rings gleiten die eisblauen Berge als das ideale Skigelände in den glattgefrorenen See, an dessen Gestaden Seehundfelle röhren; und nirgends findet der Wanderer Straßen, nur Bobbahnen und statt der Pfade Rodelbahnen – – – und an so mancher stimmungsvollen Kurve mahnt zum inneren Bremsen ein Kreuz aus ungleichem Schneeschuhpaar.

Sanft überwölbt der silbergraue Himmel Bilder emsiger Arbeit: um dereinst magere Jahre zu mästen verspeichert sich heute die Pulverschnee-Ernte, dort drinnen, wo das Skifett sich konserviert, des Burgherrn pikanteste Delikatesse.

Und der Gemächer Wände verkünden aus großer Zeit der Vorfahren Ruhm: da hängen Schneereifenschilde, Skistocklanzen und krumme Säbel aus Schlittschuhstahl. Und der Wappen derer von Bindunghausen spricht: »Nur auf die Bindung kommt es an!« – – – (was aber angezweifelt werden kann)

Wahrlich: ein bezaubernder Besitz!

## II

Des Nachts, wenn am Hochgericht Sturm, Strick und Rad musizieren, besucht ihn die wilde Jagd – – – und jedesmal wieder führt er die Gäste gerührt in jenen einfachen Anschnallraum, in welchem König Winter MLXXVII. das letztemal nächtigte, als er gen Süden zum Frühling nach Canossa zog.

## III

Leitartikel las er nur schlittschuhlaufend: Bogen links, Bogen rechts, Dreier, Dreiersprung, sprungpung – – – pung! da saß er am Hintern und tief im Teiche rief der Wassermann: »Herein!« Denn man darf nicht aufhören zu hoffen.

So dachten auch die Nixlein unterm durchsichtigen Eis und zwinkerten ihm, wenns dämmerte aus Schlingpflanzen zu: »Kleiner komm runter – – –«. Sie waren zwar recht kitschig, doch nichts Menschliches blieb ihm fremd.

## IV

Obwohl er durchaus kein Wüstling war, dürfte wohl seinem Geschlechtsleben auch der gebildete Laie Interesse entgegenbringen.

Wahrscheinlich weil er wintersportlich empfand, reizten ihn nur weibliche Schneemänner. Wie peinlich für ihn, falls es mal zu sehr fror, doch um wie viel peinlicher für die Frauen, wenn er mal zu sehr transpirierte!

Seine angetraute Gemahlin war jene zweieinhalbmeter hohe nibelungenhaft herbe Erscheinung, die ihm bereits sieben rassereine Albinos gebar: bei roten Äuglein weiß an Haut und Haar. Mutter und Kinder stellten fürwahr malerische Familienbilder.

Und gar oft führte geile Intuition seine Finger und er formte am nahen Übungshügel Dicke, Dünne, Große, Kleine, Reife – – – so frönte er seiner Gefrierfleischeslust.

V

Weltberüchtigt war die große Kurve, die noch von niemandem befriedigend bezwungen worden war. Dieselbe richtig zu nehmen, war des Herrn von Bindunghausen Lebensziel – – – »dann erst« so sprach er zu seinen Söhnen »kann ich ruhig sterben. Denn Leben heißt Kurven nehmen.« – – –  – – –

## Über das Meer

Sowohl noch nie als auch schon oft habt Ihr folgende Geschichte gehört:

Ein nüchternes Brustschwimmen wollte nach Amerika. Es sprang zu Le Havre ins Meer und schwamm – – –

Tagelang. Jahrelang.

Jedoch mitten am Meere wurde es müd. Schlief ein und träumte – – –

Tagelang. Jahrelang.

Und erwachte als romantisches Rückenschwimmen.

## Aus einem Rennradfahrerfamilienleben

Er überrundet bereits die sechste Nacht im Sportpalast – – – und sein Endspurt zwingt den Zeitrichter die Lichtsekundenstoppuhr zu zücken!

Inzwischen streitet zuhause seine Frau mit der Nachbarin: »Was? ich habe ein Rad zuviel? Ja – – – gibt es denn ein Rad mit weniger als zwei Rädern?!«

Und was schreibt wohl dem Weihnachtsmann dieser beider Kindlein, das fast auf einem Damenrade geboren wurde, wäre seine geistesgegenwärtige Mutter nicht noch im allerletzten Augenblicke abgesprungen?

Es schreibt:

»Du guter Weihnachtsmann
gib, daß ich bald kann
radfahren um häuslichen Herd
rascher als Mond um Erd«

Dann schläft es ein und träumt, während Vater siegt und Mutter Reifen flickt, von Motorradelfen und dem Prinzeßlein im Beiwagen; und von Kühlerkobolden auf Märchenkraftwagen und den sieben radfahrenden Geislein, Bremshexen und Übersetzungsschlänglein – – –

# Begegnung in der Wand

Als einst der geübte Bergsteiger von einer hehren Alpenzinne herabkletterte, begegnete er in der sich nach unten zu einem äußerst schwierigen Kamin verengenden plattigen Rinne dem ungeübten Bergsteiger.

Der lag schon seit einigen Jahren an dieser Stelle. Kopfabwärts. Sein Rückgrat war gebrochen und lugte nun aus seiner Kehle wie eine schlechtsitzende Krawatte; dadurch hing sein Schädel hinten herunter als hätt er den Hals vergessen. Statt Kleider flatterten im kühlen Bergwind nur Fetzen der Wickelgamaschen um seine Knochen, auf denen sich am relativ besten die Fleischteile über der Brust behaupteten. Und er besaß nur mehr einen Arm, denn der andere hatte bereits zu letzt Frühjahr seinen Rumpf verlassen und war nach unten in die finstere Randkluft geflogen. Das Fliegen hatte jener wahrscheinlich den Jochgeiern abgeguckt, denen die Augen seines Herrn seinerzeit als Leckerbissen mundeten.

Da nun der geübte Bergsteiger neben diesem Wesen an der Wand klebte, sprach er nach kurzem Gruße:
»Wenn ein Ungeübter mit solch Schuhzeug (geschweige denn Kletterschuhe) hier herunterklettert, obendrein allein, so hab ich kein Mitleid!«

»Verzeihen Sie – – –« erwiderte der ungeübte Bergsteiger »verzeihen Sie, daß als ich noch klein war über meinem Bette ein Gebirgsbild hing; denn seit jenen Jahren hört ich sie singen in mir: die Sehnsucht nach den blauen Bergen – – – ohne jemals auch nur einen Hügel erblickt zu haben. Und dies war meine erste – – –«

»Man merkts«, unterbrach ihn der Geübte und hielt sich die Nase zu.

»Jaja!« nickte die Leiche und lächelte leise. »Sichere Kletterer behalten immer Recht: es duftet nicht nach Hyazinthen – – – jedoch ich hoffe Sie werden mir trotzdem einen Gefallen tun: wenn Sie auch kein Mitleid mit mir haben. Aber ich sehe: Sie sind geübt und gelangen daher wieder heil hinab ins Tal. Und ich bitte: wären Sie nicht so liebenswürdig diese Postkarte, die ich bereits vor zwei Sommern an meine Mutter in Tilsit schrieb, mitzunehmen und in einen Briefkasten befördern?«

»Warum nicht?«
»Warum ja? – – – haben Sie Angst?«
»Geben Sie die Karte her!!« schrie da der Sichere – – – und kaum fühlte er sie in der Hand, kletterte er fluchtartig, als drohten ihm Gewitterfinger, fort ohne Gruß von dem redseligen Leichnam.

Doch dieser hat ihm noch freundlich nachgewunken mit seinem einen Arm: als er unten über den Ferner lief – – – bis er verschwand: dort hinter dem Buckel wo die Hütte liegt im Tal, das schon ganz in Schatten versank.

Und bald umrangen auch Nachtnebel grau die verlassenen Gipfel und die Dunkelheit hielt Hochzeit im stillen Kar. Und irgendwo sang ein Salamander Ständchen – – –

Da grub der ungeübte Bergsteiger aus einer Felsenspalte einen Führer hervor und las nach, welch Wand oder Grat seiner blauen Berge er noch nicht erklettert hat.

Denn die Nächte gehören den Abgestürzten.

## Die Mauerhakenzwerge

Unzählbare Mauerhaken stecken in Spalten und Falten der Felsen. Auf diesen turnt in Neumondnächten ein gar lustiges Völklein: die Mauerhakenzwerge.

Da machen sie Handstand und Purzelbaum und nie kugelt einer herunter, denn sie sind derart winzig leicht, daß sie in der Luft klettern, wie wir, beispielsweise, in einem Kamin.

Aber am Tage bleiben sie unsichtbar und treiben mit den Bergsteigern harmlosen Ulk. So unter anderem, wenn einer klettert, kneifen sie ihn in die Ohren oder krabbeln an seiner Nase, damit er sich kratzen muß; und kichern wenn er flucht.

Gerät aber ein Gerechter in Lebensgefahr und finden seine zitternden Glieder weder Griff noch Tritt – – – so schweben die Mauerhakenzwerge heran und schmiegen sich dort an die Wand, wo er gerade einen Griff oder Tritt erfleht: wie ein Bienenschwarm mit weißen wallenden Bärten unter Tarnkäppchen und lassen sich als Stufe benützen – – – und der solch Stelle überwand, wundert sich hernach selber, wie dies nur möglich gewesen sei!

Freilich: an die braven Mauerhakenzwerge denkt keiner.

Und es sind doch so sehr sympathische Leute!

## Die Eispickelhexe

Hoch droben in dem Lande in dem es weder Wälder noch Wiesen nur zerklüftete Eisäcker gibt, dort haust die Eispickelhexe.

Statt den Zehen wuchsen ihr Pickelspitzen und ihre Zähne sind klein und aus blauem Stahl. Ihre Brüste sind mächtige Hängegletscher und – – – trinkt sie Kaffee mit Gemsenblut, darf niemand sie stören. Nicht einmal die Mauerhakenzwerge.

Sie ist aller Eispickel Schutzpatronin.

Drum in den Nächten auf den Hütten, wenn jene sich unbeobachtet meinen, schleichen sie aus den Schlafräumen ihrer Herrn: von den Haken herab, aus den Ecken heraus, unter den Bänken hervor – – – unhörbar zur Türe hinaus. Dort knien sie nieder und falten ihre Pickelschlingen und beten zum Schutzpatron um guten Schnee – – –

## Die Beratung

Es war einmal ein Bergsteiger, der vernachlässigte in gar arger Weise seine Ausrüstung. Das ließ sich diese aber nicht länger mehr gefallen und trat zusammen zur Beratung.

Die Nagelschuhe fletschten grimmig die Zähne und forderten, da er sie ständig fettlos ernähre, seinen sofortigen Tod. Darin wurden sie vom Seil unterstützt. Die Kletterschuhe zeigten ihre offenen Wunden dem Rucksack, der noch etwas ungläubig tat, da er erst gestern aus dem Laden gekommen war, und erzählten ihm erbebend den jeglicher Zivilisation hohnsprechenden Martertod seines Vorgängers. Der Eispickel bohrte sich gehaltvoll bedächtig in den Boden und sprach: »Es muß anders werden!« Und die Windjacke kreischte empört: »Er zieht mich sogar in der Stadt an!«

Endlich ward man sich einig über seinen Tod bei der nächsten Tour:

Die Windjacke sollte sich zuhause verstecken um überhaupt nicht dabei zu sein. Zuerst müßten dann die Nagelschuhe, vornehmlich mit ihren besonders spitzen Absatzzähnen, seine Fersen und Sohlen blutig beißen. Später in der Wand wird ihn der Rucksack aus dem Gleichgewicht bringen, wobei sich die Kletterschuhe aalglatt zu benehmen haben --- und sogleich wird der Pickel in seine Gedärme dringen und das Seil ihn mit einer Schlinge erwürgen.

Jedoch zu selbiger Zeit glitt der Bergsteiger auf der Straße über eine Apfelsinenschale und brach sich das Bein. Und – – – er würde sicher nicht mehr fluchen, daß er nun nie mehr in die Berge kann, wüßte er von der Beratung.

## Aus Leichtathletikland

Als jener geniale Mensch, der als erster seines Geschlechtes aus der Baumwipfelheimat zu Boden sprang – – – da wurd die Leichtathletik geboren.

Zu jenen Zeiten wuchs in allen Ländern nur Urwald – – – und schüchtern schritt das Gehen durch Dickicht und Dschungel.

Doch eines Abends grunzte im Moor das Riesenschwein und wieder verdämmerte ein Zeitalter; ein neues pochte an die Pforten unseres Planeten: denn nun *lief* das Gehen!

Jedoch erst vieltausend Jahre später teilte der Häuptling die Menschheit in Kurzstrecken- und Langstreckenläufer. (denn naturgemäß mußte lange Zeit verfließen, ehe selbst ein Häuptling zwischen Schenkel und Schenkel unterscheiden konnte)

Und nun lief das Langstreckenlaufen unzählbare Male um die Erde und wurd weder müde noch alt – – – aber der Wald ward gar bald zum Greis; die vielen Jahre hatten Höhlen in seine Knochen gegraben und saßen nun drinnen und sägten und sägten; und fällten die stolzen Stämme, deren Leichen das Langstreckenlaufen oft zu meilenlangen Umwegen zwangen.

Eines Morgens flog an dem Langstreckenlaufen ein Schmetterling vorbei, der derart lila war, daß das »Lang« ihm sogleich nachhaschte wie ein einfältiges Mädchen. Über die Lichtung und dann immer tiefer und tiefer hinein in den Wald. Bis die Sonne sank, der Falter verschwand und die Nacht hob die dunkle Hand. Nun erst griff sich das »Lang« an die Knie (seinen Kopf) und machte kehrt – – – doch wohin es sich auch wand, überall lagen Leichen der Riesenbäume.

Sechs Tage und sechs Nächte saß nun das »Lang« gefangen auf Moos und spreizte verzweifelt die Zehen. Es war still – – – nur ab und zu stöhnte ein sterbender Stamm. Und die Luft murmelte lau – – –

In der siebenten Mitternacht (es war vor Angst bereits halbtot) rief eine helle Stimme:
»Siehe, dort liegt eine tote Tanne! Gehe hin und befolge das Gebot, du Auserkorener!«
Da senkte das Langstreckenlaufen gläubig die abgezehrten Zehen und rannte blind und bleich auf die dunkle Masse zu – – – zwei Urhasen im Unterholz schrien gellend auf, denn sie sahen es bereits mit gespaltenen Kniescheiben vermodern – – – jedoch im allerletzten Augenblick hob ein beflügeltes weißes Wesen das »Lang« über den toten Riesen und ließ es drüben unversehrt zu Boden gleiten. Da falteten die beiden ungläubigen Urhasen die Ohren und lobpreisten laut die Allmacht; es war ja ein Wunder geschehen: Hochsprung ist erstanden!

Wie unendliche Heuschreckenschwärme flog das Gerücht vom heiligen Hochsprung über die Welt und allüberall sang man Dankchoräle. Als aber kurze Zeit darauf auch das Kurzstreckenlaufen einen Hochsprung vollführte, glaubte niemand mehr an das Wunder. Und die folgende Generation glaubte überhaupt nichts mehr – – – denn nun konnte ja jeder schon vom dritten Lebensjahre ab hochspringen. Sogar aus dem Stande.

Da aber erzürnte der liebe Gott gar sehr ob der allgemeinen Gottlosigkeit und sprach zum Eis:
»Eis, tust du meinen Willen nicht, so geb ich dir die Sonne zum Gemahl!«
Sogleich warf sich der Vater aller Winter auf den Bauch vor Gott; und gerade dort, wo er den Nabel trug, drehte sich die Erde.

(– – – und grimmige Kälte und grüner Frost erwählten die Erde zu ihrem Brautbett und finstere Stürme triumphierten.
Alles erstarb ohne verwesen zu dürfen.
Es waren Bilder, wie sie grausiger kaum an Verfolgungswahn leidende Insassen der Hölle hätten malen können.
Die wenigen, deren Blut nicht stillstand, hausten in Höhlen und weinten bittere Eiszapfen)

Und das Eis sprach zu Gott:
»Ich werde dein Wille, Herr!«
Und der Allgütige antwortete:
»So stehe auf! Denn allein wenn du so sagst, sind sie genügend gestraft!«

Kaum war das Wort verklungen schien die Sonne wieder auf die Erde und all die Eiszapfentränen schmolzen und bildeten mächtige Ströme – – – überall; einmal sogar zwischen einem Liebespaar.
So entstand der Weitsprung.
Und selbst die reuigsten Sünder konnten nicht umhin fest zu fühlen, daß dies kein Wunder sei, sondern nur natürlich. Daher beantragten sie (eben weil es kein Wunder war) ein Weitsprungverbot. Aber eben weil es natürlich war blieb es immer nur beim Antrag.

Erst bedeutend später verfertigte ein Geistvoller, der we-

der Gott noch Weib verehrte, einen Stab, mit dem der Hochsprung einen hochaufgeschossenen Sohn zeugte:
den Stabhochsprung
der heutzutage besonders beim Sportphotographen beliebt ist.

*Randbemerkung zu Satz eins*
Nur um der Wahrheit Willen soll corrigieret werden, was aus Bequemlichkeit der Ausdruckweise Überlieferung geworden war – – – daß nämlich jener geniale Mensch von jenem Baume nicht heruntersprang, sondern bloß herunterfiel. Und selbst kopfunten warf er noch heulend Gebetbrocken an den Horizont: denn damals herrschte in unserem Geschlechte der Glaube, daß am Boden nicht zu leben sei. Als er aber ebendortselbst dank seines vortrefflichen Genickerbauers heil landete, staunte er zunächst stumm ob des nicht eintretenden Todes. Doch bald verkündete er mit lauter Lunge seinen Brüdern und Schwestern, daß er heruntergesprungen sei. *Dies* war seine geniale Tat.

Und begeistert sprangen ihm die Geschwister nach ins neue Land; in der alten Heimat gab es nämlich bereits zu viel Menschen und zu wenig Äste. Freilich mit der neuen entdeckten sie auch nicht das Paradies: denn damals herrschten noch Drachen. Aber es waren ja bei dem Sprung aus dem Vaterlande nicht gerade alle auf den Kopf gefallen: einige wußten Rat. Mit Steinen und spitzen Stämmen (den Ahnen von Diskos und Speer) rotteten sie die Ungeheuer mit Müh und Plag nach und nach aus. Aber nur so, durch Leid geläutert, konnte sich die Leichtathletik entfalten. Und das ist doch Fortschritt – – – und uns allen liegt auch nichts ferner als dies: jenem Mitmenschen die kleine Formlüge nicht verzeihen zu können.

Juppiter Fürchtegott
Weltrekordinhaber h. c.

# Weitere Sportmärchen

Persönlichkeiten · Das Sprungbrett · »Nur auf die Bindung kommt es an!« · Der Fallschirm · Die Regel · Die beiden Magenschwinger · Sommer und Winter · Die drei Gesellen

# Persönlichkeiten

Ein Fesselballon lag in der Luft, nicht allzuhoch, und fühlte wie fest er mit der Erde verbunden und wußte auch, daß wenn diese Verbindung reißen sollte (was Gott verhüten wolle!) er verloren wäre. Trotzdem betrachtete er mit stiller Zufriedenheit immerzu dasselbe Stückchen Land; und da es eben nur ein Stückchen war, sah er auch oft und lange in den Himmel.
Doch bald flog ein weißer Walfisch stolz an ihm vorbei: es war das lenkbare Luftschiff, das, weil es kein Tau mit Mutter Erde verband, in solch kurzer Zeit über solch verschiedene Länder flog, daß seine Augen vom vielen Nach-unten-schauen dem Himmel eben abgelenkt waren.

Ganz oben aber produzierte ein Flugzeug immerzu nur Sturzflüge, und sah weder Himmel noch Erde – denn es mußte ja so sehr auf seinen Motor aufpassen.

So erzählte mir dies tief unten am Teiche ein romantisches Rückenschwimmen.

## Das Sprungbrett

Ein Sprungbrett ärgerte sich grün und gelb, da es ständig nur solche Gedanken spann:
»Bei Poseidon! Es ist doch empörend, daß sich diese Springer nur dann in die Höhe schnellen können, wenn sie mich niederdrücken!«

Und an einem heißen Sommersonntagnachmittag riß ihm endlich die Geduld: als nun Einer, der es durch seine zahllosen Kopfsprünge am häufigsten gedemütigt hatte, zum Salto ansetzend es zum ixtenmal brutal hinabdrückte, brach es sich einfach selber ab.

Dadurch fiel der Springer aber weder auf Hirn noch Hintern, sondern platschte auf seinen Bauch, der platzte. Da war er tot.

Sehr stolz ob dieser gewonnenen Schlacht wiegte sich nun das Sprungbrett auf den Wellen. Doch bald und unerbittlich kam die Erkenntnis, daß der Sieg wohl an der Form, nicht aber am Wesen seiner Lage eine Änderung brachte: denn nun wurde es eben als Balken von ermüdeten Schwimmern mißbraucht, die sich auf ihm ausruhten indem sie es niederdrückten.

Moral:

Solange ein Sprungbrett das Schwimmen nicht verbieten kann, solange entgeht keiner seinem Schicksal!

## »Nur auf die Bindung kommt es an!«

Es waren einmal zwei Schneeschuhläufer.

Der eine konnte hervorragend laufen besaß aber, da er sehr arm war, nur billigste Bindung auf schlechten Brettern.

Der andere konnte überhaupt nicht laufen, höchstens stehen, besaß aber, da er sehr reich war, vorteilhafteste Bindung auf wundervollgeschwungenen Brettern.

Nun sprang der Arme über den Hügel so an die vierzig Meter, brach sich aber der vermaledeiten Bindung wegen den Knöchel.

Der Reiche sah ihm dabei zu und dachte nicht daran zu springen; war vielmehr froh, daß er stand.

Und der Sachverständige sprach:
»Nur auf die Bindung kommt es an!«

## Der Fallschirm

Ein Fallschirm sprach zum Flieger, seinem Herrn: »Zahlst du mir heut Abend wieder kein Glas Bier, so verschließe ich mich, springst du morgen aus dem Flugzeug, wie eine hartherzige Geliebte!«

Doch der Flieger lachte nur:
»Du mußt dich öffnen, mein Lieber, kenne dich ja zu genau!«

Aber der Fallschirm fuhr fort:
»Ich weiß, daß du mich erfunden und erbaut, jedoch: hüte dich! Denn folgst du etwa dessen Geboten, der dich ersann? Beichtest du, fastest du – –?«

Da erbleichte der Flieger, sein Mut erstarrte zu Angst und er lief zum Priester beichten und tat im Dom das feierliche Gelöbnis, daß er von nun ab jeden Freitag fasten werde.

Aber trotz all dem tötete ihn tags darauf sein Fallschirm: der hat seine Drohung verwirklicht – – weil er sich selber das Bier zahlen mußte.

# Die Regel

Der Hochsprung und der Weitsprung waren Todfeinde. Das kam so:

Der Hochsprung behauptete, Höhe sei im Leben das Erstrebenswerteste und benahm sich daher gegenüber dem Weitsprung wie ein arroganter Aristokrat.

Der Weitsprung hingegen betonte bei jeder mehr oder minder geeigneten Gelegenheit, wohl sei Höhe ein schöner Faktor, jedoch man müsse auch vom Flecke kommen, wenn man die Dinge von der praktischen Seite aus betrachte, und das sei Pflicht des Staatsbürgers und – –

»Bitte« unterbrach ihn der Hochsprung und führte ihn an einen Zaun, den er fast ohne Anlauf nur so überschwebte. Doch der Weitsprung versuchte gar nicht zu springen, sondern führte den Hochsprung an einen breiten Fluß – – und sein »Bitte« tönte bereits vom anderen Ufer herüber. Der Hochsprung hätte ja nun auch stehen bleiben können, aber eben weil er Hochsprung hieß, biß er die Zähne zusammen und schnellte sich in die Wolken empor – – Das war ein Sprung! Doch da es nur Höhe war, stürzte er kopfüber in die Wogen; Stromschnellen sprangen über ihn, in seine Gurgel gurgelten Wirbel und der Grund ergriff ihn mit schlammigen Händen – – Erbärmlich ertrank der stolze Hochsprung.

Jedoch ein regelbegeisterter Zwerg, der zu selbiger Zeit an besagtem Flußufer unter einem Farnkraute saß und Wasserflöhe fischte, hat mir erklärt, daß der Weitsprung ebenfalls ersoffen ist: logischerweise – – denn nach den Regeln aller Verbände gilt ein Weitsprung nur dann als vollbracht, wenn der ihn Ausführende beim Aufsprung im Stande geblieben ist. Und das war unser Weitsprung nicht. Also – –

## Die beiden Magenschwinger

Es war einmal ein uralter Kampfrichter, der hatte in seinem Leben bereits so Viele ausgezählt, daß, wenn man heute alles zusammenzählte, dies sicherlich die Summe von über einer Million ergeben würde.
Zu diesem berühmten Salomo stürzte nun eines Tages der einarmige Magenschwinger-links, fuchtelte erregt mit seinem Vierunzenhandschuh und sprach voll ehrlicher Verzweiflung:
»Oh Gott, was soll ich nur tun?!« mein Bruder der Magenschwinger-rechts wurde meineidig! beschwört, er besäße härtere Schlagkraft wie ich!«
»So ist das ein Fehler im System!« unterbrach ihn der Richter »Rechts und links sollen gleich sein: dies ist heilig Wort!«
»Wahr bleibt das Wort, denn wir sind gleich!«
»Oh nein!« lächelte weise der Greis. »Denn höre: wäret ihr gleich kämet ihr beide – oder auch: es würde mich Vetter Kinnhaken rufen um den unglücklicheren auszuzählen. So aber seh ich: leider hat dein Bruder recht: denn wäre er nicht der stärkere, kämst du auch nicht zu mir. Doch, wie ich euch kenne –« und da verbeugte er sich leicht – »hast sicher du den besseren Charakter!«
Tiefgerührt verließ Magenschwinger-links den Richter und strafte von nun ab seinen Bruder mit Verachtung.
Jedoch eines Morgens stellte ihn dieser ob seines blöden Benehmens, das sich ein Mann in der Stellung eines Magenschwingers-rechts unmöglich (selbst vom eigenen Vater) gefallen lassen durfte; und nachdem er ihm mit der unbehandschuhten Faust einige blaugrüne Flecken beigebracht hatte, war Magenschwinger-links nicht nur mehr davon fest überzeugt, daß er selbst der weitaus bessere,

sondern auch, daß sein Bruder der Magenschwinger-rechts ein richtiger Verbrecher ist.

## Sommer und Winter

Sowohl noch nie, als auch schon oft habt Ihr folgende Geschichte gehört:
Ein Skisprunghügel aus Holz erbaut lebte auf einem regelrecht geneigten Hange; es war Winter und er hörte tagtäglich entzückt: »Ist das ein prächtiger Sprunghügel!«
Und weil er dies eben tagtäglich hörte, wurde er größenwahnsinnig und leugnete selbst entfernteste verwandtschaftliche Bande zu den rings um ihn kauernden Bäumchen, die traurig unter der Schneelast in sich gegangen waren. –
Später aber schmolz der Schnee und die Bäumchen reckten und streckten sich wie ebenerwachte Katzenkinder und zogen ein gar wunderbar grünes Kleidchen an; nun wurde der Sprunghügel von niemandem mehr beachtet, sondern mußte vielmehr tagtäglich hören:
»Sind das liebliche Bäumchen!«
Und als gar Einer sagte:
»Sieh nur Tante Agathe, welch häßliche kahle Bretter! Wie die alles verhunzen!«
Da dachte er an Selbstmord.
Doch neues Leben zog in sein verzagendes hölzernes Herz, da Tante Agathe antwortete:
»Wart nur auf den Winter!«

# Die drei Gesellen

Im Wirtshaus zum »Asketen Sport« saßen in einer Ecke drei Gesellen beim Bier.
»Ich trinke auf die Kraft!« sprach der eine mit Stentorstimme aus griechisch-römischem Brustkasten.
»Ich trinke auf den harten Schlag!« sprach der zweite und unbewußter Weise ballten sich seine Hände zu Fäusten.
»Ich trinke auf die Gewandtheit!« sprach der dritte, ein dürres Männlein mit gelben Schlitzaugen, der auf seinem Stuhle saß wie eine Schlange, die sich zwingt aufrecht zu tun.
Nachdem nun alle drei getrunken haben, wollte ein jeder den eigenen Trinkspruch mit Erläuterungen versehen – leider: gleichzeitig. Denn da hörte ein jeder nur sich selbst, was zur Folge hatte, daß keiner den anderen verstehen konnte, was wiederum zur Folge hatte, daß alle drei in Wut gerieten. Und die Wut wuchs und wuchs bis zu pompöser Keilerei – immer einer gegen zwei! Dazu benötigt man aber bekanntlich genau so viel Kraft, wie harten Schlag und Gewandtheit.
Jedoch erst am nächsten Morgen brachte sie der Spiegel zu dieser Erkenntnis. Da saßen sie nun im Stübchen und schrieben in ihre Tagebücher mit gefühlsdurchdrungenen Lettern:
»Ehre sei Gott in der Höhe und Friede unter den Sportlern auf Erden, sofern sie guten Willens sind!«
Was heißen soll:
»– sofern sie dem Leben abgewandt bleiben.«

# Kleine Prosa

Friedrich Antoine Piesecke (Zwickau): Zwei Briefe aus Paris · Lachkrampf · Die Versuchung · Großmütterleins Tod · Geschichte einer kleinen Liebe · Der Tod aus Tradition · Amazonas · Theodors Tod · Das Märchen vom Fräulein Pollinger · Das Fräulein wird bekehrt · Die Fürst Alm · Ein sonderbares Schützenfest · Aus den weißblauen Kalkalpen · Wie der Tafelhuber Toni seinen Hitler verleugnet hat · Souvenir de Hinterhornbach · Der mildernde Umstand · Die gerettete Familie · Der Fliegenfänger · Der Stolz Altenaus · Vom kleinen Beamten · Mein Onkel Pepi · Das Café, in dem Michael Babuschke saß · Nachruf · Wer den Pfennig nicht ehrt, ist des Talers nicht wert · Das Märchen in unserer Zeit · Der Gedanke · Neue Wellen

# Friedrich Antoine Piesecke (Zwickau)

## *Zwei Briefe aus Paris*

I

Göttlich zu atmen Luft fremder Rasse! Denn irgendwie ist alles Fremde, jedwede Rasse und Luft geheimnisvoll und irgendwie peitscht dies auf. Ich spreche vollbewußt von »peitschen«, selbst wenn einige gefühlslogisch Eingestellte mich noch für so ehrbar halten, dem köstlichen Marquis de Sade zu huldigen – – – nein! fern aller kindlichen Einfalt wie auch bürgerlicher Beschwerden bewegen sich meine Gedanken: Seht ihr den Platz mit seinen plattgedrückten Barockkaminen über Gebäuden mit Brüsten zu rasch gewachsener Vierzehnjähriger, die aber bereits, gleich wissend alternden Frauen, rokokohaft ihre blassen Mundwinkel schürzen? Nach solchen Plätzen dürste ich. Hier enthaupteten zartbeknöchelte Königinnen wirrbehaarte Mönche, nur (!) weil sie die Art ihrer Liebesbeweise enttäuschte. Und heute ist es als hätten sich ein gewisser Teil jenes Herrscherinnenetwas irgendwie in den Frauen reinkarniert, die die Boulevards zu bewohnen scheinen. Denn nie wird man durch ihre ab und zu prickelnden Gebärden Herkunft aus den Quartiers der Lumpensammler fühlen, nur manchmal die Tradition rechtsstehender Kreise, was einer gewissen Pikanterie nicht entbehrt. Gestern nachts rief eine zu mir aus Seitenstraßen; die sah meiner längst entschlafenen Mutter überaus ähnlich – – – doch »halte!« Fort mit aller Sentimentalität! Selbst wenn unsere Seele zerfetzt im Schmerzsturm flattert, lasset uns lächeln, lächeln wie die Keuschheitsgürtel im Musée Cluny!

II

Ein alter deutscher Meister, der das Unglück genießt manchmal mit Oskar Wilde verwechselt zu werden (doch ich will nicht boshaft sein) sagte einst: eine pariser Kokotte mit einem Holzbein besitzt immer noch bedeutend mehr Charme als eine Berlinerin mit sämtlichen Gliedmaßen. Und er hatte das unbestreitbare Recht dies zu offenbaren, denn gebunden durch keinerlei unästhetisch gearteten Beziehungen zu drallen weiblichen Vorsprüngen, ist er ein überaus feinnerviger Erotiker – – – und nun erst verstehe ich voll seinen Satz, gesprochen aus Dämmerungen sexueller Urerregtheit: »Wie harmonisch in ihrer Atonalität sind doch das Klappern eines niedlichen Holzfußes über das blutgeschwängerte pariser Pflaster und die lockend girrenden Töne, die in den gallischen Lauten ihre ganze Eindeutigkeit verneinen um zweideutig zu werden.« – – – Fürwahr!

# Lachkrampf
*Skizze*

Die Geschichte, die ich hiemit mir erlaube Ihnen zu erzählen, ereignete sich in einem Tanzlokal. Nicht in einem jener Tanzpaläste, deren Straßenfassaden mit der lässigen Grausamkeit wohlhabender Ästheten über Nacht, Nässe und Schmutz lächeln. Es war auf einem jener Tanzböden, die sich nur »Palast« nennen, mehr aus Größenwahn, als aus Höflichkeit gegen ihre Gäste.
Diese Säle haben keine Sektnischen wie Seitenaltäre. Man trinkt Bier, und jeder, der eintritt und den klebrigen Samtvorhang zur Seite schiebt, überblickt sogleich den ganzen Raum; links, dort hinter der Säule am dritten Tische saß die Charlotte Mager mit Ulrich Stein. Woher ich die beiden kenne? Na, hören Sie! Das Mädchen saß doch zwo Jahre als Stenotypistin bei Buck et Co. Der rote Buck ging bekanntlich pleite und turnt heute als Agent durch die Treppenhäuser wie der Orang im Zoo. Die Mager saß dann bei ihrer verheirateten Schwester, einem knochigen langen Elend, mit Augen, als bekäme sie den Stockschnupfen nimmer los. Ob sie noch heute da wohnt? Ich glaube es kaum, da das schwägerliche Paar samt Bubi bloß ein möbliertes Zimmer mit Küchenbenützung – – – und der Ulrich Stein, den lernte ich vor Jahren auf dem Landsitz seiner verwitweten Mutter kennen. Einer herzensfeinen hochgebildeten alten Dame, die nach dem Tode ihres geliebten Gatten die Rolle der gefeierten Gesellschaftserscheinung ablegte und sich nur mehr der Ergänzung ihrer anerkannt herrlichen ostasiatischen Sammlung, die drei Zimmer füllt, widmete. So lebt sie nun still und bescheiden. Ulrich studiert Musik. Ob er sich einst Lorbeeren erdirigieren wird, fiel mir nicht auf. Sein Äuße-

res wirkt beruhigend wie ein vornehmes Treppenhaus, und als wohlerzogener junger Mann ist er nicht bar des sozialen Verständnisses. Ja, er beschwört sogar, alle Abendkleider zu hassen und nur einfache Mädchen, gewissermaßen aus dem Volke, zu lieben. Er vertritt nämlich die Auslegung, daß Liebe Mitleid sei. Aber zum zweiten Stelldichein kommt er nicht mehr, denn er lechzt nach immer neuen Erschütterungen. Eine echte Künstlernatur, hat er statt Gewissen nur formvollendete Ausreden. Das dem Schicksal nie entrinnen können und so.
Er hatte mit der Mager soeben zum drittenmale getanzt. Musikpause. Die zwei Lichtenberger Broadway-Boys samt »Stimmungskanone« Walterchen setzten sich an den Tisch neben den Toiletten und der Ober mit dem Chaplingang brachte ihnen den kontraktlich vereinbarten Tee mit Kuchen. Eine Blumenfrau hinkte von Gast zu Gast, der Ventilator surrte, drei Männer kamen gewichtig herein, wässerigen Schnee am Absatz. »Es schneit«, sagte Charlotte. Er kaufte ihr zwei Rosen. Sie lächelte: »Rosen im Winter! Man sollte in Betten voller Rosen liegen! Wenns nur wieder Sommer wär!« Das ist Kitsch, durchzuckte es unsern Ulrich, übelster Kitsch! Pfui, Dreiteufel! Und infolge seines unstreitbar vorhandenen ästhetischen Feingefühls, packte ihn die Wut über solch sentimentalen Dreck. Es war eine Wut aus Literatur, sozusagen. (Lachen Sie nicht! Sowas gibts!) Eine schamlose Wut, die mit apokalyptischem Hasse danach lechzt, jede arme Seele, die ihre Sehnsucht nicht stilvoll auszudrücken vermag, zu rädern. »Was für ein Bett?« höhnte er und bildete sich ein, hypnotisieren zu können. Im Augenblicke haßte Ulrich Stein die Stenotypistin Charlotte Mager. »Hören Sie! Von was für einem Bette reden Sie da?«
»Ein Bett, irgendein Bett – –«
»Aha!« triumphierte er.

»Wollen wir nicht tanzen?« sie tat aus Unsicherheit über die ihr unerklärliche plötzliche Veränderung seines Benehmens gelangweilt, und dies steigerte seine Wut. Jetzt hätte er sie niedermetzeln wollen, doch stoppte er seinen Blutdurst noch im letzten Augenblicke ab, nicht aus Feigheit, sondern infolge der Erkenntnis, daß der Tod ja auch Erlösung bedeuten könnte. Als lyrisches Temperament war er nämlich zutiefst im Innern zweifelsohne metaphysisch orientiert und huldigte lediglich aus Schamgefühl und Eitelkeit der Psychoanalyse. »Das Bett«, stellte er fest und betonte feierlich jedes Wort »das Bett ist ein Symbol. Ein Symbol für das Bett. Verstehen Sie das?«
»Nein.«
»Nein?« fuhr er zischend empor und schien zu frohlocken. »Nein?« wiederholte er gedehnt und beugte sich langsam vor, daß sein Kinn fast das Tischtuch berührte: »Aufgepaßt!«
»Ach was! Die paar poetischen Worte!«
»Poetisch? Poetisch ist gut!« Und er erklärte ihr klipp und klar, daß ihre Äußerung in puncto Rosenbett und Jahreszeiten nicht nur nicht poetisch, sondern reiner Mist und von jedweder geschmacklichen Warte aus abzulehnen sei. Er bellte ihr die Begründung ins Antlitz und sprach neben Bewußtsein und Unterbewußtsein, auch über Libido und Primitivität, nebst Doppelsinn aller Worte, als hätte er den ganzen Freud in den Fingerspitzen.
Die Traumdeutung begriff sie nicht; sie verstand nur, daß sie sich wegen der Worte, auf die sie eigentlich stolz gewesen war, schämen sollte. Und es tat ihr plötzlich fast wohl, es einzusehen und sie dachte, ich kann doch nicht anders, ich empfinde eben so, und tat sich leid wegen ihrer paar poetischen Worte. Und die Worte selbst taten ihr leid, jedes einzelne, groß und klein -- es waren doch ihre Worte, und was will er denn überhaupt! Man weiß doch,

daß man nichts kann, nichts ist, und, daß man auch niemals was werden kann. Also, was will denn nur dieser dumme Kerl mit dem Geschwätz!? Es ist ja zum lachen!
Und nun geschah das, wovon alle Anwesenden noch tagelang sprachen. Die Mager zuckte zusammen und fing an ganz leise zu lachen. Zuerst stotternd wie ein Idiot. Doch plötzlich schnellte sie empor und lachte schrill, riß das Tuch vom Tische, zertrampelte kreischend Tassen, Gläser, Teller – – besessen wie nur eine Schwester Sankt Veiths. Warf sich zu Boden und wieherte, daß man das Zahnfleisch sah.
Eine halbe Stunde später sah man Ulrich Stein einsam und erlebnisschwanger durch Seitenstraßen streichen. Das Herz voll Leid, das Hirn voll kühner literarischer Pläne.

## Die Versuchung

Am Abende jenes Tages, dessen Vormittag die Firmung zahlreicher weißgekleideter Jungfrauen durch überaus blauen Himmel nur noch erhebender überwölbte, nahte sich der einen aus jener unschuldigen Schar, namens Seraphine Hinterteil, zum erstenmal Satan --- in Gestalt eines geilen Greises, der auf eine Krücke gestützt hinter ihr herhüstelte und lüstern also lispelte:
»Ach, hast du einen süßen Familiennamen ---«

Seit diesem Tage waren nun Jahre vergangen --- und erst in ihrem achtzehnten Lenze wuchs Seraphinens Neugierde zu jenem Mut, der ihr Zagen derart überwand, daß sie ohne Beben den Beichtvater frug, wie jener Spruch wohl zu deuten sei. Es dämmerte im Dome und der Pfaffe hinterm Gitter hob die Augen himmelwärts vom Hosenlatz und flüsterte errötend:
»Höre, du reine Magd: wohl kann keiner um seinen Familiennamen, wir erben den Samen der Sünde und tragen ihre erblühende, blühende, verblühende Frucht lebenlang, doch hüte dich! Der Duft, der uns umschmeichelt, wird höllischer Gestank, riechen wir außerehelich. Drum hebe die Nase hinweg von dem Nabel, aus dem diese böse Blume sprießt und lebe so engelsrein, wie dein Vorname klingt; und bete darum --- Amen.«

Da betete Seraphine und wie sie so betete, wurde jener geile Greis immer schwächer und kränker. Und am siebenten Tage war er tot.

Und wieder waren viele Sommer und Winter vergangen. Aus der kleinen Seraphine wurde ein Fräulein Hinterteil und der Komet, der das vorigemal anläßlich ihrer Geburt durch die Erdnebel guckte, nahm nun, als er so einige Jahrzehnte später wiederkam, mit Erstaunen wahr, wie sehr sie gewachsen – – – denn dies war auch das einzige, was selbst einem solch geschlechtlosen Gestirn (und daher besonders scharfschauenden) auffallen konnte. Sie hatte sich zwar von den Knöcheln bis herauf zum Haar genau so entwickelt, wie all ihre Altersgenossinnen, jedoch die fremden Männer auf der Straße sahen es nicht, denn ihr Alles war zu ausdruckslos, wohl weil ihr Leben nie einen tieferen Eindruck empfing. Wie sollte sie auch? – – – hatte weder einen Bruder, der Freunde besaß, noch Geld, da ihr allzu bald entschlafener Vater nur ein wenig besuchter, aber umso frömmerer Zahnarzt gewesen – – – so wurde sie Lehrerin in dem gleichen christlichen Stift, das sie auf Freiplatz erzog; brachte vieltausend Kindern den Sinn bei von Punkt, Komma, Strich – – – und unterdessen schrieb sich ihr Leben ohne jegliches Komma. Geschweige denn Punkt.

So kam die Nacht nach dem Tage ihres dreiundvierzigsten Geburtstages. Da nahte sich ihr die Versuchung.

Sie hatte sich eben zu Bette begeben – – – da traten die galanten Geister der Hölle in ihr billig möbliertes Gemach.
Noch schnarchte nur die Finsternis, doch bald tropften an ihr Trommelfell sonderbare Töne: wie Brautnacht in einem uralten Bette, das krächzt, als wären die Daunen dürres Laub – – – und es liefen zwei Knaben in ihre Augen, im herbstlichen Walde die Notdurft verrichtend – – – wie es ihr einst beim Schulausfluge des Zufalls feiner Finger offenbarte.

Die beiden dürften ja jetzt schon fast Männer sein, und der eine war dunkel und der andere blond – – – das Brautbett hielt den Atem an – – –: so fühlte Seraphine zweier Stiftenköpfe Spitzen ihre schlaffen Brüste berühren – – – sie *fühlte*, was dunkel und was blond, und mit aufgerissenen Augen dachte sie nach, wie sich alles verändert – – –

an der Wand hing ein Bild: ein norddeutscher General, der nun plötzlich stramm die Hacken zusammenschlug und (wie auf höheren Befehl) sich zu entkleiden begann – – – scheu flog ein Lächeln um ihre Lippen – – – da zog er den Degen und schrie roh: »Was willst du Hinterteil?!«

Sie stöhnte und schloß die Augen – – –: langsam gebar die Dunkelheit ewige Fernen, aus denen bedächtig purpurne Kugeln hervorrollten, immer mehr und mehr – – – bis ein stummer Sturm sie durcheinander wirbelte und aufhob in eine Fläche – – – als stände die Sonne dicht hinter ihren Lidern, wie eine Woge Blut – – – die zu einem Vorhang erstarrt sich alsbald auseinanderfaltete und einen Jüngling hervortreten ließ, der nur mit einer goldenen Schärpe geschmückt sich verbeugte und frug, was Königin Seraphine wünsche – – –

Ihre Kniee zuckten und schlugen fiebernd aneinander: noch zweimal zerbrach fast der zarte Junge seinen Rumpf vor ihr, doch diesmal nach rückwärts – – – bis, sich wieder erhebend, Staub auf seiner Stirne stand. Sie warf sich auf den Bauch und preßte ihr Antlitz in das kaltfeuchte Kissen, droben am Dache sang ein Kater und tief vom höllischen Meere umbraust erzeugte sich selbst ein Ungeheuer – – –: halb Mann, halb Stier – – – und das stürzte auf den höflichen Jüngling, biß ihm die Seele aus der bescheidenen Brust und schleuderte ihn ins – – – All!

denn da erst sah sie, daß beide auf einer Kugel gestanden, die sich schier unfaßbar schnell drehte, und sie erkannte auf ihr die verschlungenen Linien der Weltteile.

China, Paris, Amazonas – – – doch der Stiermann zwang den Globus zum Stehen. Mit geschwollenen Adern stierte er brünstig sie an – – – und plötzlich waren es zwei Globusse, als er nun schäumend nach ihrem Schoße sprang – – – sie wehrte sich, wand sich – – – aber des Ungeheuers stämmige Hörner schlitzten gar unbarmherzig ihre Innenschenkel auf: heiß rieselte ihr Blut und wurde zur Wolke gesotten vom Schweiß auf seinem breiten, behaarten Rücken – – – ihr Gesicht, wie aus Flammen geballt, drang durch den Dunst an das Fußende: dort röhrte ein rosa Elefant und reckte den Rüssel und alle Ecken öffneten sich und spien ganze Klassen magerer Mädchen aus, die mit Zuckerfeigen um seine Gunst buhlten. Rings aus den Schubladen sahen blauäugige Knaben traurig zu – – – da stampfte ein Pferdehuf in ihr Kreuz, da hob sich ihr Hintern, sie spreizte die Zehen und knirschte keuchend mit den Zähnen und winselte dann – – – Da schritt Herr Satan über ihren Leib – – – – – –

Und vom nächsten Tage ab hatte sie bei den Kindern in der Schule den Spitznamen: die Hexe.

# Großmütterleins Tod

Die Frau des Hannes Moser war ihrem Manne davongelaufen. Sie hatte den Tag über nichts gesprochen und war am Abend verschwunden. Man sah sie noch am Bahnhof stehen und auf den Zug warten, der in die Stadt fuhr. Das war das einzige, was Hannes erfahren konnte.

Sie war ihm davongelaufen, nicht weil er sich in eine andere verguckt hatte, und auch nicht weil sie sich in einen anderen verguckt hatte. Er war auch kein Spieler, ein solider Mann – wie man so sagt. Sie hatte ihr kleines Kind zurückgelassen und war davon. Halb besinnungslos. Sie war eine Frau, bleich und abgemagert, mit fettigem Haar und säuerlichem Geruche. Aber sie hatte schöne große dunkle Augen, voll Scheu. Und dann blickte sie immer drein, als fühlte sie sich zurückgesetzt, als dächte sie immer, Gott, mein lieber Gott, ich lebe ja doch auf der Schattenseite des Lebens. Aber sie hatte nicht den Mut, die Konsequenzen zu ziehen – ihr mangelte der Mut, weil sie ihre Erkenntnis nicht klar formulieren konnte.

Daß sie nun weg war, den Grund hierzu, gab Großmütterlein. Großmütterlein genannt, seit das Kind zwar noch nicht da, aber unterwegs war, war die Mutter ihres Mannes. Die Alte wohnte bei den beiden Jungen und hatte die stärkste Vitalität. Trotz ihrer 70 Jahre gab sie den Ton an; sie herrschte; nicht schreiend, nicht befehlend, aber ewige Rücksicht fordernd und aus Wut, daß man ihr die Rücksicht erweise, voll Bosheit und verärgert. Sie konnte den Gedanken nicht ertragen, daß man ihr etwas schenkte. Sie sog das Blut der jungen Leute, sog ihre ganze Kraft in sich. Dabei lief sie in die Kirche am Sonntag, schimpfte aber auf den Pfarrer. Konnte sich mit niemandem vertragen.

Oh, Großmütterlein konnte aber auch so friedlich aussehen! Alle, die nicht näher hinsahen, lobten sie. Wenn sie so an einem Tage, an einem warmen Spätherbsttage in dem Garten des Häuschens saß, auf einer Bank und strickte – ab und zu nachsann, in die Ferne blickte – in einem Buche las. Und, wenn sie zwischen den Seiten eine Rose fand, wie die Großmutter in Andersens Märchen, so dachte sie auch darüber nach – aber sie bekam eine Wut, einen Haß auf das Leben, weil es verging. Sie haßte das Leben, die Jugend, sie sah in ihnen ihren Tod, und ihr Lächeln voll Nachsicht und Güte, war aus Schwäche. Ihre Güte war verlogen, ihr Haß echt!

In der Frau ihres Sohnes sah sie die Rivalin, das Weib. Sie ekelte sich vor ihrer Fraulichkeit, vor ihren Brüsten, vor ihrer Jugend! Sie hatte einen Haß auf die beiden Betten. Einmal waren die zwei abends fortgegangen, da saß sie allein im Zimmer. Sie humpelte umher und trat auch in das Schlafzimmer ein. Sie stand in der Türe und ihr Gesichtsausdruck war so entsetzlich verzerrt, so entstellt, daß sie einer Furie glich. Sie ging drinnen auf und ab, und hegte die finstersten Gedanken. Dort stand das Bett, ihr Bett – in diesem Bette ist sie einst gelegen, sie kennt ja noch das ganze Zimmer, die Bilder und alles – aber jetzt muß sie in der Kammer hinten wohnen und dort an ihrem Bette liegt das Nachthemd der jungen Frau. Dort wäscht sie sich, dort liegt ihre Zahnbürste, im Schranke ist ihre Wäsche. Ihr Duft liegt im Zimmer – und wo blieb sie. In der Kammer!

Es war alles vergangen, alles verflossen – und die Alte schnaubte Rache gegen die Jungen.

Als die beiden nach Hause kamen fühlten sie, daß jemand in ihrem Zimmer war, sie fühlten die feindselige Luft, die dunklen Gedanken, aber keiner wagte ein Wort zu sagen, weil sie wußten, wer hier war. Ihre gute Laune war vorbei – schweigend zogen sie sich aus.
Plötzlich setzte sich die Frau an den Bettrand und fing an leise zu weinen. Er horchte auf, er wußte genau Bescheid. Unschlüssig, unsicher, zog er sich aus. Er sah den gekrümmten Rücken seiner Frau.
»Warum weinst du denn? Was hast du denn schon wieder?« frug er.
»Ich halte das nicht mehr länger aus –«
»Was nicht mehr länger?« herrschte er sie an. Und er machte seiner Wut auf die Mutter Luft, indem er sie auf seiner Frau ausließ. Und es tat ihm wohl, das tun zu können. – »Halte doch endlich dein Maul! Ich weiß, was dahintersteckt, es ist nur der Haß auf meine Mutter! Hetze nicht mehr gegen sie! Es verfängt bei mir nicht! Wer meine Mutter angreift, greift mich an!«

Die Großmutter saß aufrecht in ihrem Bette und freute sich satanisch über den Krach. Sie horchte die Wände durch. – Lange war es schon still geworden, noch saß sie aufrecht und horchte. Und freute sich.

Die Frau lag still weinend, und der Mann dachte nach, wie er das Geld herschaffen muß für die zwei Weiber! Plötzlich fiel ihm das auf und er sah klar einen Zusammenhang.
Er haßte nur die Alte und wollte sich seiner Frau nähern. Diese wehrte ab, worauf er sie kniff, daß sie einen blauen Fleck bekam. Er biß sich dabei so auf die Lippen, daß das Blut kam. Die Frau stöhnte leise auf und weinte weiter.

Am nächsten Tage ging die junge Frau fort und kam nicht wieder. Man wartete mit dem Essen auf sie und die Alte meinte, wo sie sich nur wieder herumtriebe, und, daß man zu ihrer Zeit bedeutend pünktlicher gewesen sei, und überhaupt, was streune sie in der Nacht umher – doch er gab keine Antwort. Und das war ihr unheimlich. Sie fühlte sich unsicher und ärgerte sich, ihn nicht ärgern zu können. Bin ich ihm so gleichgültig geworden? – dachte sie eifersüchtig.

Die Frau kam nicht wieder und Hannes erfuhr, daß sie in die Stadt gefahren war, wahrscheinlich zu ihrer Schwester. Er ging an die Bahn – die Alte sagte: »Ich fahre mit.« »Gut!« sagte er. Der Alten wurde es unheimlich zumut, sie dachte ja gar nicht daran zu fahren, es war nur eine kindische Bosheit. Aber er erriet ihren Gedanken, daß sie am liebsten zu Hause bleiben möchte und er erklärte nun sicher und unwiderstehlich, ohne Widerspruch duldend: »Du fährst mit! Der nächste Zug geht in einer Stunde!« –

Eine Stunde später saß Hannes und Großmütterlein auf dem Bahnhof. So im Freien sah die Alte viel älter aus, kleiner, verhutzelter, wie ein Zwerg. Sie saßen auf einer Bank neben dem Bahnhof. Es war eine laue Sommernacht und in der Ferne ging der Wind. Man konnte die Sterne sehen, aber der halbe Himmel war tiefschwarz. Dort waren Wolken. Und ab und zu strich ein kleiner Wind über den Bahnsteig. Die Alte in ihrem Kapotthütchen, saß da wie ein maskiertes Kind. Sie betrachtete voll Neugier eine Gruppe Kinder, die mit einem Hunde spielten und es sah aus, als wollte sie fast mitspielen. Sie blickte voll Ehrfurcht auf die Uniform des Bahnbeamten, auf die vielen Ziffern und Signale, die sie nicht enträtseln konnte. Sie ging wenig aus in der letzten Zeit.

Der Zug hatte eine halbe Stunde Verspätung. Hannes saß mit gesenktem Kopf da und stierte auf die Risse in dem Boden.
»Es zieht«, sagte plötzlich die Alte. Er gab keine Antwort.
»Es zieht«, wiederholte sie, »es fröstelt mich. Setzen wir uns doch anderswohin.«
»Überall ziehts«, antwortete er.
»Aber hier ist es mir zu windig«, keifte sie, »willst du denn, daß ich eine Lungenentzündung bekomme, daß ich mir den Tod hole?! Den Tod!!«
Er blickte auf und ihre Augen trafen sich. Den Tod, dachte er. Ja, den Tod! Mir solls recht sein! Das beste wäre es! Du hast kein Recht mehr! Du hast deine Rolle ausgespielt und müßtest schon längst abtreten! Sie erschrak vor seinem Blicke. »Es zieht«, wiederholte sie und es lag etwas unendlich Wehmütiges in ihrer Stimme. Diesen Blick hatte sie bei Hannes noch nicht gesehen, so hatte er sie noch nie angesehen. – In ihrer Stimme lag ein Bitten. Es sprach die Frau aus ihr, die zurückgesetzte Frau.
Er blieb sitzen.
Sie aber stand plötzlich auf, doch er faßte sie am Handgelenk und drückte sie nieder. »Bleib. Es zieht ja nicht!« Ein Windstoß strich an ihr vorüber, ein Fenster klirrte in der Nähe.
Sie betrachtete ihn von der Seite. Er hat sich nicht viel verändert – so im Profil. Sie nahm Abschied. Plötzlich wurde es ihr klar, wie einer Sterbenden. Was steht sie auch noch da herum und hemmt die Lebenden? Sie sah ihren Sohn, wie er noch ganz klein war. Ein Signal läutete.
»Jetzt muß er bald kommen, der Zug«, sagte er plötzlich leise.
»Ja, jetzt muß er bald kommen –«
»Es zieht hier wirklich«, sagte er, »komm, Mutter! Setzen wir uns anderswohin!«

»Nein. Ich bleibe hier. Es zieht gar nicht, mein Sohn. Es zieht nicht mehr. – Und dann will ich auch nicht in die Stadt fahren. Hol du dir deine Frau allein. Ich will da nicht dabei sein. Laß mich hier noch etwas sitzen, bevor ich umkehre –«
Der Zug fuhr ein.
»Leb wohl, Mutter!« sagte er.
»Leb wohl!«
Sie blieb auf dem Bänkchen sitzen. Der Wind wehte scharf. Der Zug fuhr ab. Sie sah den beiden roten Lichtern noch nach. Dann saß sie still allein. Sie hatte ihm noch nachgewinkt.
Die Lichter am Bahnhof gingen aus.

Die Großmutter ist tot. Sie war nur kurze Zeit krank gewesen, hatte sich erkältet und eine Lungenentzündung war hinzugetreten. Der Hannes hatte sein Weib aus der Stadt zurückgebracht, und nun lebten sie zusammen.
Allmählich wich auch der Schatten der Großmutter aus dem Hause, und als das Kind geboren war, da war von der Großmutter nichts mehr übrig, als das Holzkreuz und die Erinnerung.
Eine gleichgültige Trauer.
Man hat ihren Tod nicht betrauert, weil sie alt war.

# Geschichte einer kleinen Liebe

Still wirds im Herbst, unheimlich still.
Es ist alles beim alten geblieben, nichts scheint sich verändert zu haben. Weder das Moor noch das Ackerland, weder die Tannen dort auf den Hügeln noch der See. Nichts. Nur, daß der Sommer vorbei. Ende Oktober. Und bereits spät am Nachmittag.
In der Ferne heult ein Hund und die Erde duftet nach aufgeweichtem Laub. Es hat lange geregnet während der letzten Wochen, nun wird es bald schneien. Fort ist die Sonne und die Dämmerung schlürft über den harten Boden, es raschelt in den Stoppeln, als schliche wer umher. Und mit den Nebeln kommt die Vergangenheit. Ich sehe Euch wieder, Ihr Berge, Bäume, Straßen – – wir sehen uns alle wieder!
Auch wir zwei, du und ich. Dein helles Sommerkleidchen strahlt in der Sonne fröhlich und übermütig, als hättest du nichts darunter an. Die Saat wogt, die Erde atmet. Und schwül wars, erinnerst du dich? Die Luft summte, wie ein Heer unsichtbarer Insekten. Im Westen drohte ein Wetter und wir weit vom Dorfe auf schmalen Steig, quer durch das Korn, du vor mir – –   – – Doch, was geht das Euch an?! Jawohl, Euch, liebe Leser! Warum soll ich das erzählen? Tut doch nicht so! Wie könnte es Euch denn interessieren, ob zwei Menschen im Kornfeld verschwanden! Und dann gehts Euch auch gar nichts an! Ihr habt andere Sorgen, als Euch um fremde Liebe – – und dann war es ja überhaupt keine Liebe! Der Tatbestand war einfach der, daß ich jene junge Frau begehrte, besitzen wollte. Irgendwelche »seelische« Bande habe ich dabei weiß Gott nicht verspürt! Und sie? Nun, sie scheint so etwas, wie Vertrauen zu mir gefaßt zu haben. Sie erzählte mir viele

Geschichten, bunte und graue, aus Büro, Kino und Kindheit, und was es eben dergleichen in jedem Leben noch gibt. Aber all das langweilte mich und ich habe des öfteren gewünscht, sie wäre taubstumm. Ich war ein verrohter Bursche, eitel auf schurkische Leere.
Einmal blieb sie ruckartig stehen:
»Du«, und ihre Stimme klang scheu und verwundet. »Warum läßt du mich denn nicht in Ruh? Du liebst mich doch nicht, und es gibt ja so viele schönere Frauen.«
»Du gefällst mir eben«, antwortete ich und meine Gemeinheit gefiel mir überallemaßen. Wie gerne hätte ich diese Worte noch einigemale wiederholt!
Sie senkte das Haupt. Ich tat gelangweilt, kniff ein Auge etwas zu und betrachtete die Form ihres Kopfes. Ihre Haare waren braun, ein ganz gewöhnliches Braun. Sie trug es in die Stirne gekämmt, so wie sie es den berühmten Weibern abgeguckt hatte, die für Friseure Reklame trommeln. Ja, freilich gibt es Frauen, die bedeutend schöneres Haar haben und auch sonst – – Aber ach was! Es ist doch immer dasselbe! Ob das Haar dünkler oder heller, Stirn frei oder nicht – –
»Du bist ein armer Teufel«, sagte sie plötzlich wie zu sich selbst. Sah mich groß an und gab mir einen leisen Kuß. Und ging. Die Schultern etwas hochgezogen, das Kleid verknüllt – –
Ich lief ihr nach, so zehn Schritte, und hielt.
Machte kehrt und sah mich nicht mehr um.
Zehn Schritte lang lebte unsere Liebe, flammte auf, um sogleich wieder zu verlöschen. Es war keine Liebe bis über das Grab, wie etwa Romeo und Julia. Nur zehn Schritte. Aber in jenem Augenblick leuchtete die kleine Liebe, innig und geläutert, in märchenhafter Pracht.

# Der Tod aus Tradition
## *Eine Legende aus den nördlichen Kalkalpen*

In der Haupt- und Residenzstadt einer mitteleuropäischen Republik, die südwärts an harmlose Schlawiner, dagegen im Norden leider an umso gewalttätigere Piraten grenzt, lebte noch 1925 ein biederer aufrechter Mann, voll Gottesfurcht und Ahnenkult, namens Franz Xaver Loibl. Hausbesitzer, Familienvater und Ehrenmitglied des Männergesangvereins »Athen-Ost«, war er von Mutter Natur mit jener oft gerühmten behäbigen derben Heiterkeit begnadet und bis zum Abschluß der allzu großen Zeit zu allen barocken Späßen immer bereit gewesen, aber seit die Juden samt ihren Knechten vor einigen Jahren den Landesvater vertrieben und die Republik proklamiert hatten, hatte ihn niemand mehr lachen gesehen, höchstens lächeln, hämisch und sardonisch. Das Herz voll Bitternis und Bier suchte er die Einsamkeit und fand sie an einem verödeten Stammtisch. Er kegelte nicht mehr, noch sang er oder spielte Tarock. Witterte überall Republikaner und hatte schwarzrotgoldene Angstträume.

So träumte er einst, er fahre von Salzburg gen Berchtesgaden. Ostern wars, noch roch es nach Schnee trotz der hellgrünen Matten. Und da er an den Königsee kam, stand er plötzlich unter tausend und abertausend Menschen, lauter Landsleuten in sonntäglichem Gewand. Aber wie er sich so umsah, schienen sie ihm seltsam verändert, und wie er nochmals hinsah, bemerkte er bestürzt eine entsetzliche Wandlung: die Lederhosen reichten ihnen bis an die Knöchel, so waren sie zusammengeschrumpft, und alle hatten schwarzes geschneckeltes Haar, Locken an den Schläfen und Plattfüß. Und die Sennerinnen hießen Sara und Rebekka, Lea, Ruth und Sabinerl! Und dann hielt ein engbrüstiger Intellektueller eine Rede in peinlich nordischer Mundart (alles schrie begeistert »hoch!«) und er sagte, er sei schnurstracks von Tarnopol (»hoch!«) hierhergeeilt um den weihevollen Akt der Umtaufe des Königsees in »See der Republik« zu vollziehen. Und wieder widerhallte brausend vieltausendstimmiges Hoch! von den Felsen ringsum, und wie unser Loibl auf den Kalender sah, da wars der erste Mai. Und die Ziffer war rot. Und Schabbes obendrein. Da schlug er mit dem Mute der Verzweiflung blindlings um sich und – – erwachte.

Aufatmend konstatierte er, daß man doch noch nicht so weit sei und, daß er schwitze wie eine mannbare Sau. Besorgt saß Maria, die andere Hälfte seiner fünfundzwanzigjährigen Ehe und Mutter seiner Tochter Therese, in ihrem Bette und frug, was er denn nur schon wieder für Ungereimtheiten geträumt hätte, und ob er denke, jede Nacht so zu winseln und zu schnauben wie ein krankes Roß. Und legte ihm nahe, in Zukunft vor dem Einschlafen immer etwas zu lesen, irgendetwas, das einen entrückt oder entzückt, dann träume man auch davon. Sie, zum Beispiel, lese die Romane in den Neuesten Nachrichten, dann träume sie überhaupt nichts. Ja, er solle, nein! er *müsse* nun fortab lesen – – man schwitze dann auch nicht gleich einer Tobsau, und seufze nicht wie ein Hirsch und belästige sein Weib, indem daß die Bettstatt kracht, wie ein Maschinengewehr, und man als gläubige Christin schon gleich zum Pfarrer rasen möchte, von wegen der letzten Ölung, indem daß man nie nichts wissen könne.

Unter der Wucht ihrer Rhetorik brach er zusammen. Erschlafft und zermürbt von seinen apokalyptischen Visionen hatte er keine Kraft ihre Beweisführung zu widerlegen. Seine rehhafte Scheu vor dem gedruckten Worte schwand, und noch am gleichen Vormittage betrat er tapfer eine Buchhandlung. Der Entschluß, die Schwelle eines solchen »Ausschanks« zu überschreiten, fiel ihm wahrlich nicht leicht. Drinnen, zwischen Goethe und Kant, dünkte ihm alles fremd, so irgendwie nicht bodenständig, fast ausländisch. Nur nicht lange diese Luft atmen, durchzuckte es ihn, und er äußerte hastig seinen Wunsch, ein Buch oder dergleichen über die gute alte Zeit kaufen zu wollen. Mit einem »Sittenbrevier aus ehernen Zeitaltern ungebeugten Germanentums« gesammelt von einem, der es wissen muß, verließ er den Laden, um drei Mark ärmer – – sechs Maß, rechnete er.

Die Nacht kam und mit mürrischem Mißtrauen blätterte Loibl in seiner Bibliothek. Löschte dann das Licht aus, rülpste und schlief ein. Und sieh da! Er träumte von lauter Zinnsoldaten und Dekolletes à la Luise. Was er von den Zinnsoldaten träumte, kann nicht mitgeteilt werden, um nicht mit dem Gesetze gegen Verrat militärischer Geheimnisse in Konflikt zu geraten, und auch nicht was er von den Dekolletes träumte, um nicht gegen Schmutz und Schund zu sündigen – – kurzum: als er am Morgen erwachte, lächelte er wie ein gestillter Säugling, und fühlte sich durch frische Hoffnung gebläht. – –

Nach vierzehn Tagen hielt er auf Seite elf und kam zu Kapitel vier mit der seltsamen Überschrift: ius primae noctis. Infolge seiner radikalen Ablehnung aller Fremdwörter wollte er es kurzerhand überblättern, doch da sprang ihm der Untertitel in die Augen, der lautete: Das Recht auf die erste Nacht. Was wäre denn jetzo nur dieses? dachte er und las. Las und las. Zuerst, wie üblich, verstand er nicht, was er las, dann, als er es begriffen hatte, glaubte er es seien lauter Druckfehler und fing wieder von vorne an, buchstabierte jedes Wort, bis er Absatz für Absatz auswendig hersagen konnte wie ein Suppenschüler seine Hausaufgabe. Längst schon schnarchte seine Zeltgenossin, doch ihn mied jede Müdigkeit. Ungewöhnlich rege sprangen durch sein Hirn Gedanken, Bilder, Akkorde, wie tolle Zirkuspferde. Und plötzlich schoß aus dem Chaos seiner Phantasien ein ungeheurer Plan, fuhr blitzartig durch sein ganzes Sein, daß er schier erzitterte: er bringt seinem Herrscher sein Kind dar, sein Fleisch sein Blut, die Theres! Der Landesvater, und nur er, trotz Republik und Erfüllungspolitik, hat das Recht auf die erste Nacht! Erst durch die Weihe des Gottbegnadeten wird der Mensch zum Mensch!

Oh, der Herr soll es fühlen, daß es noch Männer gibt in seinem Lande, Männer, die treu an der Tradition hängen, er soll es spüren, daß die Verehrung der Sitten der Vorfahren noch lange nicht zur hohlen Phrase geworden ist – – er, Franz Xaver Loibl wird es beweisen!

Und hoch klang das Lied vom treuen Mann, wie Trommelfeuer bei Maßkrugklang! – – doch am folgenden Morgen meinte seine Frau, was denn nicht noch. Und fernerhin meinte sie auch, es scheine ihr fast, daß er spinne, und außerdem sei dieser Plan eine Unkeuschheit und sicher nur bei den Norddeutschen so gewesen und niemals nicht bei uns. Und er sagte, er spinne gar nie nicht und sie sei auch schon solch eine verdorbene Neuerin, verweichlicht und ohne Schmalz, und sie solle doch sogleich nach einem bestimmten ehemaligen Künstlerviertel ziehen und Rhythmus tanzen. Und sie sagte, unter keinen Umständen tanzt sie nicht Rhythmus, und er aber sagte, sie werde schon sehen, wie sie Rhythmus tanzen werde und rief: »Therese!«

Aber da schrie die Frau, sie rufe den Arzt, und er sagte: nur zu! Es sei ihm bereits bekannt, daß der verrückt sei, der treu an der großen Vergangenheit hänge. Und wieder rief er nach seinem Kinde.

Es kam. Und der es da erzeugte sprach: »Ich weiß, daß du ein braves Mädchen bist, und obwohl du an Starkbierfe-

sten gar mannigfach in den Hintern gezwickt worden warst, bist du dennoch unberührt, eine Jungfrau, auf und nieder. So ziehe denn hin zum Landesvater und reiche ihm all dein Unerwecktes, auf daß er es wecken möge. So will es das Gesetz.« Und er wollte sein Kind segnen.
Doch es wehrte ab:
»Du irrst, oh Vater! Oh, du irrst!«
»Wieso nachher?«
»Indem, daß ich mein Herz in Heidelberg verloren hab.«
»Ha?!«
»In einer lauen Sommernacht.«
»Verloren?« zischte er wie der Held einer Pubertätstragödie. »Verloren?! Oh, über dich Fetzen! Kein anständiges Bürgermädchen verliert so etwas nicht!«
»Vater spinntisieret wohl?« frug die Tochter ihre Mutter; jene nickte nur: und ob! Hierauf wandte sie sich wieder ihrem Vater zu und bat um Beantwortung folgender Fragen: ob er wohl ihre Entwicklungsjahre über geschlafen hätte, da er ihr solch unhygienischen Lebenswandel zutraue, und ob er außerdem nicht denke, daß der Landesvater denn doch schon etwas gebrechlich wäre, und ob er denn überhaupt nicht wüßte, daß es ja gar keinen Landesvater nicht mehr gäbe, und ob er also vielleicht den Landtagspräsidenten gemeint hätte – – – – Aber Loibl würdigte sie keiner Antwort. Er lachte nur ab und zu grimmig wie ein dem Grabe entstiegener Hoftheaterschauspieler. – –
Seit dieser Szene traute er keiner Seele mehr. Und er hub an den Tag und die Sonne zu hassen. Er verfluchte das Licht als den Zerstörer seiner Sehnsucht.
Der Schlaf, immer schon einer seiner liebsten Beschäftigungen, wurde ihm zur Leidenschaft. Nach vierzehn Tagen schlief er bereits ab nachmittags.
Und so träumte er nun täglich sechzehn bis achtzehn Stunden lang von Hörigkeit und Gottesgericht, Ketzern

am Scheiterhaufen, Hexenprozessen und Judenblut, und wenigstens die Finsternis gehörte der Vergangenheit. Nach weiteren vierzehn Tagen schlief er bereits Tag und Nacht, und erwachte nur zur Brotzeit. Aber nach abermals zwei Wochen wachte er überhaupt nicht mehr auf. Mit den Flügeln des Schlafes war er in eine Monarchie geflogen, in der alles so geblieben war wie am ersten Tag. Nun frohlockt er in jenen Gefilden, allwo alles Tradition ist. Die Tradition der Ewigkeit.

# Amazonas

*Eine romantische Novelle*

Die christliche Welt schrieb das Jahr 1544, als der Seefahrer Orellana mit den Seinen, fern von Portugal, den Para-Fluß überquerte. Dort kam ihm die Kunde aus dem Norden von einem gigantischen Strome, der scheinbar ohne Ursprung breit und tief wie das ferne Meer, und den die Indianer »Amassona« nannten (welches Wort in ihrer Sprache »Bootzerstörer« bedeutet). Aber Orellana deutete falsch und glaubte durch Zufalls Gnade endlich vor den Toren jenes sagenhaften langegesuchten Reiches der kriegerischen Weiber zu sein und taufte das Riesenwasser »Rio des Amazonas«.

So berichtet die Geschichte.
Und nur ein einziges Schreiberlein erwähnt so nebenbei als Randbemerkung, daß in der folgenden Nacht, nachdem die Zahl der Wachen um das Lager verdoppelt worden war, Orellana zweie seiner tapfersten Mannen, und zwar den jungen Offizier Señor Manuelo de los Cascados und dessen holländischen Knappen, einen ergrauten Landsknecht namens Ludewig gen Nordwesten sandte, die nicht mehr zurückkehrten – – –
selbst da die Lagerfeuer schon im Sterben lagen und durch den nahen Urwald schüchtern und rosagrau des neuen Tages erstes Atmen flog. Fröstelnd und bleich trat Orellana aus schlafloser Nacht, in der er die Ewigkeit gähnen sah, vor sein schwarzes Zelt; und als es rot am Horizonte ward, da zog er aus um die beiden Freunde, von denen er hoffte, daß sie sich doch nur verirrt hätten, wiederzufinden. Vergebens. Und als wieder eine Nacht vorbei, ließ er den Priester die Totenmesse lesen – – – denn nun schwor

er jeden Eid, daß die Zwei von den Amazonen niedergemetzelt worden waren.

So berichtet das Schreiberlein.
Und fügt naseweis und wichtigtuend sogleich noch hinzu, daß die Verschollenen unter gar keinen Umständen von »sogenannten Amazonen« getötet werden konnten, da ja »ein Volk von Weibern ohne Männer einfach undenkbar« und deshalb wohl »nie ein solches gab und auch nie geben wird. Daher seien die Zwei wahrscheinlich der Riesenaffen Opfer geworden.«

Jedoch ich sprach einmal in eines kleinen Bahnhofes Wartesaal jemanden (es war ein trüber Novembernachmittag) der weder die Ansicht Orellanas noch die des Schreiberleins teilte, sondern fest behauptete, daß der Señor und Ludewig tatsächlich in das Reich der Amazonen gelangt seien; und erzählte mir unaufgefordert all ihre wunderlichen Abenteuer, wie er sie einst von einem alten Eingeborenen am Oberen Amazonas hörte, der sie wieder von seinem Großvater hörte – – – – – – und, wenn sich auch vieles in puncto Wahrheit nicht gerade genau nachprüfen läßt, so bleibt dies doch eine eigenartige Geschichte und ich hoffe, ja ich glaube sogar, niemanden zu belästigen, wenn ich mir erlaube, sie hier wieder zu erzählen, so, wie ich sie von dem Unbekannten vernahm, dem ich einmal begegnet bin.

Es war eine helle Nacht, da die beiden Männer die ihren verließen. Wenige Worte waren der Abschied gewesen, dann sprangen ihre Mähren über den weichen Moorboden und nur einmal noch wandte sich der Señor im Sattel um: Orellana hob stumm die Hand – – – dann waren die Reiter verschwunden.

Und vorbei am letzten Posten rasten sie bereits; selbst Ludewig, dessen schwerer Schecke doch niemals Schritt hielt mit Manuelos Rappen, hörte nur mehr den halben Ruf der Wache – – – die andere Hälfte flog an den kärglichen Resten seiner linken Ohrmuschel entlang über die kleine Steppe und rief sich selbst zurück aus dem Wald: als wär sie ein Schalk gewesen.

Doch da der Señor jene Stelle erreichte, war sie verklungen. Unheimlich still, wie ein Heer schlummernder Riesen, umstand sie der Wald und langsam durch tückische Ranken zwangen die Zwei ihre Rosse zwischen die uralten Stämme, die mit unzählbaren Ästen die Sterne vom Himmel zu schaben schienen.

So schwand Stunde um Stunde und noch immer ritt zu ihrer Seite das Schweigen. Nur einmal riß der Señor sein Pferd zum Stand und spähte fast ohne zu atmen nach einem nahen Sumpfe – – – dort drüben in dem Dunste hatt er einen Schatten mit Speer zerfließen sehen, doch – – – »nichts!« knurrte Ludewigs Knebelbart und indem er sein Tier wieder weiter trieb, gab er kund, wie sehr er alle Weiber verwünschte – – – da schnaubte der Rappe und auch des Holländers Schecke bäumte sich hurtig hochauf.

»Hölle!« zischte der Landsknecht und folgte ungewollt seinem Herrn, der flugs aus den Bügeln zu Boden gesprungen war.

Da standen sie nun am Rande einer Lichtung und starrten auf einen Baum, dessen Krone sich mächtiger wölbte, wie die Kuppel Sankt Peters zu Rom, und von dessen dunklen Holze der Nachtschein eine weiße kopfabwärts gehenkte Gestalt fast durchsichtig abhob.

Es war dies die Leiche eines nackten, gefesselten Jünglings, der, nachdem ihm des kleinen Gottes Werkzeug an der Wurzel abgebissen worden war, an den Knöcheln erhenkt verbluten mußte.

Bleich vor Grausen wandte sich Manuelo von dem geronnenen Blute, dessen Spur über den Nabel in den Mund floß; und Ludewig spuckte bombastisch aus und verdammte alle Weiber in jenes Land, in dem der Mannsleut Glieder Fischschuppen zieren.

# Theodors Tod

Der »Fall Theodor« ist ein Schulbeispiel für den tragischen Kampf des Fleisches wider den Geist, ist die Geschichte des durch politischen Fanatismus gehemmten Geschlechtslebens. Theodors Fleisch war willig, aber der Geist war schwach.

Wesen und Ziel seiner Politik, für die er sich des öfteren tollkühn und rücksichtslos einsetzte, konnte allerdings noch niemand enträtseln, da er immer eine eigene Meinung hatte, nicht aus Überschätzung seiner Persönlichkeit, sondern aus Demut vor ihr. Er war Führer und Trommler, Masse und Sturmtrupp, alles in einer Brust, und hielt jedes Jahr mit sich selbst Parteitag, leider unter Ausschluß der Öffentlichkeit. So steht also nur fest, daß er alle Parteien, Fahnen, Vereinsabzeichen, sowie Thron und Altar, Republik und Mussolini, Locarno und Komintern mit einem Hasse verfolgte, der selbst einen Großinquisitor sicher ans Reichsgericht befördert hätte.

Dieser sein infernalischer Haß raubte ihm aber die Manneskraft, bereits in den besten Jahren. Er brach seinen Trieb, wie der Tod Augen bricht.

So saß er eines Abends mit Klara im Kino und je oberflächlicher er den Film beäugte, umso hurtiger schien sich eine innere Harmonie zwischen ihr und ihm herauszukristallisieren. Zu guter Letzt war ja der arme Teufel Theodor, wie jeder andere seiner Art: seine Liebe war Sehnsucht nach Romantik und Wille zur Sachlichkeit. Seine Romantik war Sehnsucht nach Sachlichkeit und seine Sachlichkeit war Wille zur Romantik. – – –

Nun gehörte aber Klara zu jenen Mädchen, die selbst bei völliger Auflösung ihres Ichs, es nicht vergessen können, daß ihr Bruder im Weltkrieg Leutnant gewesen war. Plötz-

lich, mitten im Kristallisationsprozeß, hub sie an begeistert zu applaudieren. Theodor fuhr empor: da! Dort! über die Leinwand schritt er, ER und nochmals ER! Fridericus, die Briefmarke! – – – Da war es aus. Restlos aus. Das Verlangen verkroch sich in bittere Gleichgültigkeit, ja Abscheu und Ekel, wie die erschreckte Schnecke ins Haus. Die Felle schwammen zu Tal.
Und drei Tage später, diesmal mit Anna: wieder Applaus! wieder brutale Vernichtung zartester Triebe, nur diesmal statt durch »Panzerkreuzer Stingl« durch den »Reichspostminister Potemkin«! Aber fünf Tage später: endlich, endlich! Theodor in Weißglut durch das Lächeln der lenden- und schenkelschönen Frau Bloch: »Madame! Ich möchte mit Euch in einem melancholischen Parke spazieren, aber wir müßten uns in einem Urwald verirren und mitten im Zwielicht des Dickichts müßte ein breites weiches Bett uns entgegenkommen, und kaltes warmes fließendes Wasser, Löwen und Papageien, und ein Zimmerkellner, gütig wie Großpapa, eine lieblich schizophrene Landschaft, fern von Külz!« »Pardon, Theodore! Kein Wort contre Külz! Ich liebe Külz!«
So geschehen im Jahre des Schmutz und Schundes.
Es liegt auf der Hand, daß diese ständigen Pyrrhussiege des Geistes über das Fleisch zur Vernichtung beider führen mußten. Ich will hier aus Raummangel meiner Gestaltungskraft kurz nur die Schlußszene darbieten. Die ersten Akte pflegen ja meistens auch ihren besonderen Reiz zu haben, aber die der Tragödie »Theodors letzte Liebe« sind uninteressant. Zwar könnte sie ein einfallsreicher Regisseur mit allerlei Kniffen schmackhaft würzen, da ich aber ein schlechter Regisseur bin, nicht weil ich keine Einfälle habe, sondern aus mangelnder Ehrfurcht vor dem Dichter, lasse ich sie aus Liebe zum Publikum weg.

Also:
Theodor (führt Gretchen auf sein Zimmer):
Still, Liebste, still! Die Götter sind so neidisch – – nein, ich bin nicht verrückt, ich fürchte mich nur – – still! Nenne mir nicht mal deinen Namen, er könnte mich an Entsetzliches erinnern! Ich will in dir das Prinzip – – – Zieh dich aus! Nur rede nichts, rede nichts, du kriegst deine fünf Mark! Hier – – – Ha, das Weib! Weißt du, wer so viel Enttäuschungen erlitt, der sehnt sich nach taubstummer Liebe – – – Hernach, Weib, hernach! Dann kannst du reden was du willst, wie du willst und solange du willst – –
(Er setzt sich und sieht ihr zitternd zu, wie sie sich entkleidet; aber plötzlich verfärbt er sich, schnellt ruckartig empor und lallt idiotisch: ihr Hemdchen ist schwarzweißrot eingesäumt, auf dem Büstenhalter funkeln zwei Sowjetsterne, die Kokarde am Strumpfband leuchtet schwarzrotgold und die, etwas altmodischen, Spitzen des Höschens sind nach Hakenkreuzmanier gehäkelt; er wankt, faßt sich an Kopf und Herz und bricht zusammen. Kombinierter Gehirn- und Herzschlag. Vorhang. Schlußmarsch.)

# Das Märchen vom Fräulein Pollinger

Es war einmal ein Fräulein, das hieß Anna Pollinger und fiel bei den besseren Herren nirgends besonders auf, denn es verdiente monatlich nur hundertundzehn RM und hatte nur eine Durchschnittsfigur und ein Durchschnittsgesicht, nicht unangenehm, aber auch nicht hübsch, nur nett. Sie arbeitete im Kontor einer Autoreparaturwerkstätte, doch konnte sie sich höchstens ein Fahrrad auf Abzahlung leisten. Hingegen durfte sie ab und zu auf einem Motorrad hinten mitfahren, aber dafür erwartete man auch meistens was von ihr. Sie war auch trotz allem sehr gutmütig und verschloß sich den Herren nicht. Oft liebte sie zwar gerade ihren einen nicht, aber es ruhte sie aus, wenn sie neben einem Herrn sitzen konnte, im Schellingsalon oder anderswo. Sie wollte sich nicht sehnen und wenn sie dies trotzdem tat, wurde ihr alles fad. Sie sprach sehr selten, sie hörte immer nur zu, was die Herren untereinander sprachen. Dann machte sie sich heimlich lustig, denn die Herren hatten ja auch nichts zu sagen. Mit ihr sprachen die Herren nur wenig, meistens nur dann, wenn sie gerade mal mußten. Oft wurde sie dann in den Anfangssätzen boshaft und tückisch, aber bald ließ sie sich wieder gehen. Es war ihr fast alles in ihrem Leben einerlei, denn das mußte es ja sein. Nur wenn sie unpäßlich war, dachte sie intensiver an sich.

Einmal ging sie mit einem Herrn beinahe über das Jahr, der hieß Fritz. Ende Oktober sagte sie: »Wenn ich ein Kind bekommen tät, das wär das größte Unglück.« Dann erschrak sie über ihre Worte. »Warum weinst du?« fragte Fritz. »Ich hab es nicht gern, wenn du weinst! Heuer fällt Allerheiligen auf einen Samstag, das gibt einen Doppelfeiertag und wir machen eine Bergtour.« Und er setzte ihr

auseinander, daß bekanntlich die Erschütterungen beim Abwärtssteigen sehr gut dafür wären, daß sie kein Kind kriegt.
Sie stieg dann mit Fritz auf die Westliche Wasserkarspitze, 2037 Meter hoch über dem fernen Meer. Als sie auf dem Gipfel standen, war es schon ganz Nacht, aber droben hingen die Sterne. Unten im Tal lag der Nebel und stieg langsam zu ihnen empor. Es war sehr still auf der Welt und Anna sagte: »Der Nebel schaut aus, als würden da drinnen die ungeborenen Seelen herumfliegen.« Aber Fritz ging auf diese Tonart nicht ein.
Seit dieser Bergtour hatte sie oft eine kränkliche Farbe. Sie wurde auch nie wieder ganz gesund und ab und zu tat ihrs im Unterleib schon sehr verrückt weh. Aber sie trug das keinem Herrn nach, sie war eben eine starke Natur. Es gibt so Leut, die man nicht umbringen kann. Wenn sie nicht gestorben ist, so lebt sie heute noch.

## Das Fräulein wird bekehrt

Als sich das Fräulein und der Herr Reithofer kennen lernten, fielen sie sich zuerst gar nicht besonders auf. Jeder dachte nämlich gerade an etwas wichtigeres. So dachte der Herr Reithofer, daß sich der nächste Weltkrieg wahrscheinlich in Thüringen abspielen wird, weil er gerade in der Zeitung gelesen hatte, daß die rechten Kuomintang wieder mal einhundertdreiundvierzig Kommunisten erschlagen haben. Und das Fräulein dachte, es sei doch schon sehr schade, daß sie monatlich nur hundertzehn Mark verdient, denn sie hätte ja jetzt bald Urlaub und wenn sie zwohundertzehn Mark verdienen würde, könnte sie in die Berge fahren. Bis dorthin, wo sie am höchsten sind.

Gesetzlich gebührten nämlich dem Fräulein jährlich sechs bezahlte Arbeitstage -- jawohl, das Fräulein hatte ein richtiggehendes Recht auf Urlaub und es ist doch noch gar nicht so lange her, da hatte solch Fräulein überhaupt nichts zu fordern, sondern artig zu kuschen und gegebenenfalls zu kündigen, sich zu verkaufen oder drgl., was zwar auch heute noch vorkommen soll. Aber heute beschützen uns ja immerhin einige Paragraphen, während noch vor zwanzig Jahren die Gnade höchst unkonstitutionell herrschte, und infolgedessen konnte man es sich gar nicht vorstellen, daß auch Lohnempfänger Urlaub haben dürfen. Es oblag allein in des Brotherrn Ermessen, ob solch Fräulein zu Weihnachten oder an einem anderen christlichen Doppelfeiertage auch noch den zweiten Tag feiern durfte. Aber damals war ja unser Fräulein noch kaum geboren -- eigentlich beginnt ihr Leben mit der sozialen Gesetzgebung der Weimarer Republik.

Wie schön war doch die patriarchalische Zeit! Wie unge-

fährdet konnte Großmama ihre Mägde kränken, quälen und davonjagen, wie war es doch selbstverständlich, daß Großpapa seine Lehrlinge um den Lohn prellte und durch Prügel zu fleißigen Charakteren erzog. Noch lebten Treu und Glauben zwischen Maas und Memel, und Großpapa war ein freisinniger Mensch. Großzügig gab er seinen Angestellten Arbeit, von morgens vier bis Mitternacht. Kein Wunder, daß das Vaterland immer mächtiger wurde! Und erst als sich der weitblickende Großpapa auf maschinellen Betrieb umstellte, da erst ging es empor zu höchsten Zielen, denn er ließ ja die Maschinen nur durch Kinder bedienen, die waren nämlich billiger als ihre Väter, maßen das Volk gesund und ungebrochen war. Also kam es nicht darauf an, daß mannigfache Kinder an der Schwindsucht krepierten, kein Nationalvermögen wächst ohne Opfersinn! Und während Bismarck, der eiserne Kanzler, erbittert das Gesetz zum Schutze der Kinderarbeit bekämpfte, wuchs Großpapas einfache Werkstatt zur Fabrik. Schlot stand an Schlot, als ihn der Schlag traf. Er hatte sich überarbeitet. Künstler, Gelehrte, Richter und hohe Beamte, ja sogar ein Leutnant a. D. gaben ihm das letzte Geleite. Trotzdem blieb aber Großmama immer die bescheidene tiefreligiöse Frau.
Nämlich als Großmama geboren wurde, war es natürlich Nacht, so eine richtige kleinbürgerlich-romantische Nacht und Spätherbst. Alles stand blau am Horizont und der Mond hing über schwarzen Teichen und dem Wald.
Natürlich hatte Großmama auch ein Gebetbuch mit einer gepreßten Rose mittendrin. Wenn sie in ihrem gemütlichen Sorgenstuhl saß, betrachtete sie die Rose und dann trat ihr je eine Träne in das rechte und das linke Auge, denn die Rose hatte ihr einst der nunmehr längst verstorbene Großpapa gepflückt und dieser tote Mann tat ihr nun leid, denn als er noch lebendig gewesen ist, hatte sie

ihn oft heimlich gehaßt, weil sie sich nie von einem anderen Großpapa hatte berühren lassen. Und Großmama erzählte Märchen und dann schlief sie ein und wachte nimmer auf.

Das Gebetbuch mit der Rose wurde ihr in den Sarg gelegt, Großmama ließ sich nicht verbrennen, weil sie unbedingt wiederauferstehen wollte. Und beim Anblick einer Rose zieht noch heute eine sanfte Wehmut durch ihrer Enkelkinder Gemüt, die heute bereits Regierungsrat, Sanitätsratsgattin, Diplomlandwirt, Diplomingenieur und zwo Hausbesitzersgattinnen sind.

Auch unseres Fräuleins Großmama hatte solch Rose in ihrem Gebetbuch, aber ihre Kinder gingen in der Inflation zugrunde und sieben Jahre später treffen wir das Fräulein im Kontor einer Eisenwarenhandlung in der Schellingstraße mit einem monatlichen Verdienst von hundertundzehn Mark.

Aber das Fräulein zählte nicht zum Proletariat, weil ihre Eltern mal zugrunde gegangen sind. Sie war überzeugt, daß die Masse nach Schweiß riecht, sie leugnete jede Solidarität und beteiligte sich an keiner Betriebsratwahl. Sie tat sehr stolz, weil sie sich nach einem Sechszylinder sehnte. Sie war wirklich nicht glücklich und das hat mal ein Herr, der sie in der Schellingstraße angesprochen hatte, folgendermaßen formuliert: »In der Stadt wird man so zur Null«, meinte der Herr und fuhr fort: »Ich bin lieber draußen auf dem Lande auf meinem Gute. Mein Vetter ist Diplomlandwirt. Wenn zum Beispiel, mit Verlaub zu sagen, die Vögel zwitschern – –« und er fügte rasch hinzu: »Wolln ma mal ne Tasse Kaffee?« Das Fräulein wollte und er führte sie auf einen Dachgarten. Es war dort sehr vornehm und plötzlich schämte sich der Herr, weil der Kellner über das Täschchen des Fräuleins lächelte und dann wurde der Herr unhöflich, zahlte und ließ das Fräu-

lein allein auf dem Dachgarten sitzen. Da dachte das Fräulein, sie sei halt auch nur eine Proletarierin, aber dann fiel es ihr wieder ein, daß ihre Eltern zugrunde gegangen sind und sie klammerte sich daran.
Das war am vierten Juli und zwei Tage später begegnete das Fräulein zufällig dem Herrn Reithofer in der Schellingstraße. »Guten Abend«, sagte der Herr Reithofer. »Haben Sie schon gehört, daß England in Indien gegen Rußland ist? Und, daß der Reichskanzler operiert werden muß.«
»Ich kümmere mich nicht um Politik«, sagte das Fräulein.
»Das ist aber Staatsbürgerpflicht«, sagte der Herr Reithofer.
»Ich kanns doch nicht ändern«, meinte das Fräulein.
»Oho!« meinte der Herr Reithofer. »Es kommt auf jeden einzelnen an, zum Beispiel bei den Wahlen. Mit Ihrer Ansicht, Fräulein, werden Sie nie in die Berge fahren, obwohl diese ganzen ja Wahlen eigentlich nur eine kapitalistische Mache sind.«
Der Herr Reithofer war durchaus Marxist, gehörte aber keiner Partei an, teils wegen Noske, teils aus Pazifismus. »Vielleicht ist das letztere nur Gefühlsduselei«, dachte er und wurde traurig. Er sehnte sich nach Moskau und war mit einem sozialdemokratischen Parteifunktionär befreundet. Er spielte in der Arbeiterwohlfahrtslotterie und hoffte mal etwas zu gewinnen und das war das einzig Bürgerliche an ihm.
»Geben Sie acht, Fräulein«, fuhr er fort, »wenn ich nicht vor drei Jahren zweihundert Mark gewonnen hätt, hätt ich noch nie einen Berg gesehen. Vom Urlaub allein hat man noch nichts, da gehört noch was dazu, ein anderes Gesetz, ein ganz anderes Gesetzbuch. Es ist schön in den Bergen und still.«
Und dann sagte er dem Fräulein, daß er für die Befreiung

der Arbeit kämpft. Und dann klärte er sie auf, und das Fräulein dachte: er hat ein angenehmes Organ. Sie hörte ihm gerne zu und er bemerkte es, daß sie ihm zuhört. »Langweilt Sie das?« fragte er. »Oh nein!« sagte sie.

Da fiel es ihm auf, daß sie so rund war rundherum, und er mußte direkt achtgeben, daß er nicht an sie ankommt.

»Herr Reithofer«, sagte plötzlich das Fräulein, »Sie wissen aber schon sehr viel und Sie können es einem so gut sagen« – – aber der Herr Reithofer ließ sich nicht stören, weil er gerade über den Apostel Paulus sprach und darüber ist es sehr schwer zu sprechen. »Man muß sich schon sehr konzentrieren«, dachte der Herr Reithofer und ging über zur französischen Revolution.

Er erzählte ihr, wie Marat ermordet wurde, und das Fräulein überraschte sich dabei, wie sehr sie sich anstrengen mußte, wenn sie an einen Sechszylinder denken wollte. Es war ihr plötzlich, als wären nicht ihre Eltern, sondern bereits ihre Ureltern zugrunde gegangen. Sie sah so plötzlich alles anders, daß sie einen Augenblick stehen bleiben mußte. Der Herr Reithofer ging aber weiter, und sie betrachtete ihn von hinten.

Es war ihr, als habe der Herr Reithofer in einem dunklen Zimmer das Licht angeknipst und nun könne sie den Reichswehrminister, den Prinz von Wales und den Poincaré, den Mussolini und zahlreiche Aufsichtsräte sehen. Auf dem Bette saß ihr Chef, auf dem Tische stand ein Schupo, vor dem Spiegel ein General und am Fenster ein Staatsanwalt – – als hätten sie immer schon in ihrem Zimmer gewohnt. Aber dann öffnete sich die Türe und herein trat ein mittelgroßer stämmiger Mann, der allen Männern ähnlich sah. Er ging feierlich auf den Herrn Reithofer zu, drückte ihm die Hand und sprach: »Genosse Reithofer, du hast ein bürgerliches Mädchen bekehrt. Das ist sehr schön von dir.« Und das Fräulein dachte: »Ich

glaub gar, dieser Herr Reithofer ist ein anständiger Mensch.«
»Die Luft ist warm heut abend«, sagte der anständige Mensch. »Wollen Sie schon nachhaus oder gehen wir noch etwas weiter?«
»Wohin?«
»Dort drüben ist die Luft noch besser, das ist immer so in den Anlagen«, sagte er und dann fügte er noch hinzu, der Imperialismus sei die jüngste Etappe des Kapitalismus und dann sprach er kein Wort.
Warum er denn kein Wort mehr sage, fragte das Fräulein.
Weil es so schwer sei, die Menschen auf den rechten Weg zu bringen, sagte der Herr Reithofer. Hierauf konnte man beide nicht mehr sehen, denn es war sehr dunkel in den Anlagen.
Wollen wir ihnen folgen? Nein. Es ist doch häßlich, zwei Menschen zu belauschen, von denen man doch schon weiß, was sie voneinander wollen. Kaufen wir uns lieber eine Zeitung, die Sportnachrichten sind immer interessant.
Ich liebe den Fußball – – und Sie? Wie? Sie wollen, daß ich weitererzähle? Sie finden, daß das kein Schluß ist? Sie wollen wissen, ob sich das Fräulein wirklich bekehrt hat? Sie behaupten, es sei unfaßbar, daß solch ein individualistisches Fräulein so rasch eine andere Weltanschauung bekommt? Sie sagen, das Fräulein wäre katholisch? Hm.
Also wenn Sie es unbedingt hören wollen, was sich das Fräulein dachte, nachdem sich der Herr Reithofer von ihr verabschiedet hatte, so muß ich es Ihnen wohl sagen, Frau Kommerzienrat. Entschldigen Sie, daß ich weitererzähle.
Es war ungefähr dreiundzwanzig Uhr, als das Fräulein ihr Zimmer betrat. Sie setzte sich und zog sich aus, so langsam, als wöge jeder Strumpf zehn Pfund.

Ihr gegenüber an der Wand hing ein heiliges Bild: ein großer weißer Engel schwebte in einem Zimmer und verkündete der knienden Madonna: »Bei Gott ist kein Ding unmöglich!« Und das Fräulein dachte, der Herr Reithofer hätte wirklich schön achtgegeben und sei überhaupt ein anständiger Mensch, aber leider kein solch weißer Engel, daß man unbefleckt empfangen könnte. Warum dürfe das nur Maria, warum sei gerade sie auserwählt unter den Weibern? Was habe sie denn schon so besonderes geleistet, daß sie so fürstlich belohnt wurde? Nichts habe sie getan, sie sei doch nur Jungfrau gewesen und das hätten ja alle mal gehabt. Auch sie selbst hätte das mal gehabt.
Die Mutter Gottes hätte eben Protektion gehabt genau wie die Henny Porten, Lya de Putti, Dolores del Rio und Carmen Cartellieri. »Wenn man keine Protektion hat, indem daß man keinen Regisseur kennt, so wird man halt nicht auserwählt«, konstatierte das Fräulein.
»Auserwählt« wiederholte sie, und es tat ihr alles weh.
»Bei Gott ist kein Regisseur unmöglich«, lächelte der große weiße Engel, und das Fräulein meinte: »Sei doch nicht so ungerecht!« Und bevor sie einschlief, fiel es ihr noch ein, eigentlich sei alles ungerecht, jeder Mensch, jedes Ding. Sicher sei auch der Stuhl ungerecht, der Schrank, der Tisch, das Fenster, der Hut, der Mantel, die Lampe. Vielleicht sei auch der Herr Reithofer trotzdem ungerecht, obwohl er wahrscheinlich gar nichts dafür kann.
Gute Nacht, Frau Kommerzienrat.

## Die Fürst Alm

Infolge der durch den Sommer hereinbrechenden Reise- und Ferienzeit möchte ich all jene, die mit irgendeinem Kraftfahrzeug die südliche Grenze des deutschen Reiches in Richtung München–Garmisch-Partenkirchen einschlagen nach Tirol oder nach Oberammergau auf eine neu entstandene Station aufmerksam machen, auf die Fürst Alm auf dem Dünaberg bei Murnau am Staffelsee in Oberbayern.

Das ist ein langer Titel und ich will es gleich näher erklären. 75 km von München, 25 von Garmisch-Partenkirchen, liegt es 5 Minuten abseits der Straße von Murnau nach Oberammergau. Es ist der schönste Punkt am nördlichen Rande der bayerischen Alpen, den man mit Kraftfahrzeugen erreichen kann per Motor. »Schönste« ist ja allerdings immer eine relative Bezeichnung und ich will sagen die umfassendste.

Der Dünaberg bei Murnau gehört zu jenem Ausläufer westlich des Höhenzuges, bis zu dem sich um das Jahr 1600 die bayerischen Truppen von den Tirolern zurückgezogen haben und hier rettete sie die französische Verstärkung aus München. Hier wird auch noch jährlich in Erinnerung an diesen Tag ein Graf-Arco-Preisschießen von einer Kgl. priv. Schützengesellschaft veranstaltet, als Erinnerung an die Errettung Murnaus von der Plünderung durch die Tiroler.

Und nun zurück ins zwanzigste Jahrhundert! Der Vater Fürst war in seiner Jugend einer der Einführer der Lederhosen gegen das Geschrei der Klerikalen wegen der unsittlichen Tracht. Der Kampf um die Lederhose.

Heute ist er ein alter Herr mit einem Bart, der natürlich wirkt und ist auch tatsächlich mit Andreas Hofer verwandt.

Von der Fürst Alm sieht man die Berge von Allgäu bis Tölz, Zugspitze und Wetterstein, Teufelsgrat, Wank und Krottenkopf, Heimgarten, Herzogstand, Benediktenwand und das Ettaler Manndl und alles, was sich um diese Berge herumgruppiert, Täler und Dörfer und den See nordwärts mit der oberbayerischen Hochebene.
Nirgends in ganz Oberbayern hat man solch einen instruktiven Überblick über eine typisch oberbayerische Landschaft.

## Ein sonderbares Schützenfest

Anfang August fuhr ich durch das bayerische Oberland und in der Nähe von Partenkirchen, dort wo die Berge beginnen, durchfuhren wir auch einen sogenannten schmucken Markt. Die Sonne schien und Sonntag wars. Aber auch abgesehen vom Tage des Herrn herrschte eine überaus feiertägliche Stimmung. Fahnen, Musik, jubelnde Bevölkerung, sowohl Eingeborene als auch Fremde, biedere Landmänner und erholungsbedürftige Bürgersleut.
Und warum jubilierten all die Braven?
Darum:
Durch die Hauptstraße zogen Schützen, viele Schützen, lauter Schützen. Ein Schützenzug. Im gleichen Schritt und Tritt. Fürbaß. Mit wallenden Bärten und Gamsbärten, Gewehren und Bowiemessern, Standarten und heroischen Wunschträumen. Meist waren es bereits in Lederhosen Geborene, aber es waren auch welche dabei aus Ingolstadt, Köln, Jena und Berlin. Ja sogar aus Sachsen marschierten welche mit, wortkarg und unnahbar. Trotzdem hätte ich den ganzen großen Schützenzug ziemlich bald vergessen, hätte ich nicht zufällig ein Plakat erblickt. Auf diesem Plakate stand: »Graf Arco Erinnerungsschießen.«
Ich dachte zuerst an jenen Herrn, der Kurt Eisner ermordet hatte, aber jener konnte es nicht sein, denn da stand ja ausdrücklich: »Historisches 120. Arco Schießen am 28. Juli, 3. und 4. August 1929.«
Also etwas ganz historisches, dachte ich mir und las weiter: »In dankbarer Erinnerung an die Befreiung des vor 120 Jahren am 18. Juli 1809 von den Tirolern belagert und schwer bedrängten Marktes M. durch den kgl. Bayer. Obersten Grafen Maximilian von Arco, der den Markt vor schwerer Brandschatzung bewahrte, begeht die unter-

fertigte Schützengesellschaft alljährlich ein ›Arco-Schießen‹. Jeder Gast wird sicherlich eine stete Erinnerung an unseren anmutigen Sommerort, den schönen See und das herrliche Gebirge behalten. Möge es uns daher vergönnt sein, eine recht große Zahl froher Schützenbrüder beim 120. Arcoschießen willkommen zu heißen.
Kgl. priv. Feuerschützengesellschaft.«
Was bedeutet das?
Ich forschte weiter: ein um die sogenannte Heimatbewegung überaus verdienter Priester schreibt in der Zeitschrift ›Bayerland‹ folgende Sätze: »– – Noch schlimmer (als die Schweden. Anmerkung meiner Wenigkeit) spielte der spanische Erbfolgekrieg den M.-ern mit, als die erbitterten Tiroler bis M. und H. vordrangen und die wehrlosen Orte plünderten und einäscherten. Als im Jahre 1809 dreitausend Tiroler den Markt aufs neue brandschatzen wollten, wurden sie allerdings mit blutigen Köpfen heimgeschickt; Oberst Arco, der zum Entsatz aus Benediktbeuern herbeigeeilt war, wird noch heute durch das sogenannte Arco-Schießen als Befreier des Marktes (mit Hilfe der verbündeten Franzosen. Anmerkung meiner Wenigkeit) gefeiert.«
Was bedeutet das?
Das bedeutet, daß sich noch heute Deutsche dazu hergeben, einen Tag, an dem Deutsche auf Deutsche geschossen haben, durch ein Schützenfest zu feiern. Daß es im dritten Jahrzehnt des zwanzigsten Jahrhunderts noch Deutsche gibt, die sich nicht schämen, einen Trauertag des deutschen Volkes als Freudentag zu begehen. Daß es Deutsche gibt, die mit markigen Ansprachen die Bedeutung des Tages würdigen (mit nachfolgendem Tanz) – – die jenen Tag rühmen, da Deutsche Deutsche »mit blutigen Köpfen heimschickten«, weil sie »brandschatzen und plündern« wollten – – die sich frischfrommfröhlich an jenen Tag

zurückerinnern, voll Pietät und »Jubilarscheibe«, statt die Borniertheit und das Unglück ihrer Urväter zu verfluchen und ihr Volk zu beweinen ob seiner tragischen Geschicke im Kampfe um seine Einigung.
Es gibt also noch Deutsche, denen die Errettung ihrer Marktgemeinde vor 120 Jahren wichtiger zu sein scheint, als Großdeutschland. Anders läßt sich das nicht formulieren. Denn sonst müßte ja diese »Kgl. priv. Feuerschützengesellschaft« jenen Tag von ihrem Festprogramm streichen und statt des »Historischen Arco-Schießens« einen Trauergottesdienst abhalten. Denn religiös sind sie wahrscheinlich.
Doch die Gerechtigkeit gebietet es zu sagen, daß dieser Kgl. priv. Gesellschaft mildernde Umstände zugebilligt werden müssen: nämlich sie überlegt es sich ja gar nicht und wird sich also gar nicht darüber klar, was sie da eigentlich feiert. Und das ist das Traurigste.
Ich sprach mit vielen Bürgern des Marktes M. Jeder, aber auch jeder, Lehrer, Bauer, Arzt, Briefträger, Wirt, Arbeiter, Student bestätigte mir, es sei ein grober Unfug. Trotzdem war alles beflaggt, alles jubilierte, die Beteiligung am Schießen war »überaus zahlreich«, die Preisverteilung im »prächtig festlichem Rahmen bei begeisterter Stimmung«, der Tanzsaal überfüllt. Es *ist* ein grober Unfug.
Dieses sonderbare Schützenfest ist wahrlich kein Zeichen partikularistischer Tendenzen, es ist lediglich ein Produkt sträflich leichtsinniger Gedankenlosigkeit, politischer Wurschtigkeit und Unwissenheit – – das typisch politische Merkmal breiter Schichten des Mittelstandes.
»Das deutsche Volk einig in seinen Stämmen – –« – – – mir, als sogenanntem Auslandsdeutschem, als von den garantiert echten Vaterländischen unter der Rubrik »Internationalist« Geführtem, mir wurd es übel, Zeuge dieser entarteten Heimatliebe zu sein. Ich tröstete mich mit dem

Gedanken, daß es im Deutschen Reiche hoffentlich nur ein einziges »Arco-Schießen« gibt. Vielleicht! Man könnte es sich ja gar nicht ausdenken, wieviel Feste gefeiert werden müßten, wenn jeder Sieg, den Deutsche über Deutsche im höchstpersönlichem Interesse vaterlandsloser Dynastien errungen haben, gefeiert werden würde! Jeder Tag wäre ein Doppelfeiertag.
Wie heißt es doch in dem Einladungsschreiben zur Kgl. priv. Arcoschießerei? »Möge es uns daher vergönnt sein, eine recht große Zahl froher Schützenbrüder beim 120. Arco-Schießen willkommen zu heißen – –« Nein! Sagen wir so: Möge es uns daher vergönnt sein, daß wir es möglichst bald erleben, daß kein Deutscher mehr nationale Verbrechen seiner Ahnen als »Tradition« pflegt, nur um eine »Jubilarscheibe« gewinnen und Bier saufen zu können!

# Aus den weißblauen Kalkalpen

I

15. Juli. Die Schulen sind aus, die Ferien beginnen, die Städter strömen in die Natur um sich auszuschwitzen. Heuer gibt es wiedermal besonders viele unbefriedigte Damen. Pflichtgetreu absolvieren die Bauernburschen ihre galanten Abenteuer, diese Meister der praktischen Psychologie. Ich sitze in einem Aussichtscafé. Mißtrauisch erkundigt sich die Kellnerin, warum ich so ohne irgendeine Frau dasitze. Ich sage, ich sitze auch gern mal so allein, worauf sie meint: »Freilich, man muß auch mal ausschnaufen, jetzt ist wieder Saison, jetzt haben die Herren wieder streng zu tun.«

II

Ein Fremder fragt zwei eingeborene Brüder: »Verzeihen Sie, bitte, könnten Sie mir sagen welche Kuppe der Krottenkopf ist?«
»Ha?«
»Der Krottenkopf, bitte.«
»Der Krottenkopf«, befleißigt sich der eine schriftdeutsch zu antworten, »des is dort der dicke, der dritte rechts hinter dem vierten links ganz hint, aber jetzt sehngs den net, von hier aus kann man nämli den Krottenkopf nicht sehen.«
»? ? ? ?«
»Geh laß do den Socka!« meinte der ältere Bruder freundlich.
»Leck mi am Arsch«, belehrte ihn der Jüngere. »Wannst a

Fremdnort sein wuillst, mußt scho freundli sein zu de Leut, da hilft si nix.«

III

Erst sieben Wochen nach dem 20. Mai wurde das Wahlmysterium zu Mittelsöchering enträtselt. Dort wurden 68 Stimmzettel abgegeben, davon 67 für die Bayerische Volkspartei und einer für die Kommunisten. Natürlich wurde unter Leitung des Pfarrers nach dem roten Hund geforscht. Aber wie gesagt erst nach sieben Wochen kam man durch Zufall dahinter, daß die kommunistische Stimme nicht vom Anderlbauern stammt (der im Weltkrieg verschüttet worden war und seither nichts von all dem wissen wollte) und der als vermeintlicher Roter schon des öfteren gefotzt worden war, sondern von der achtzigjährigen Schwester des Pfarrers, die bei der Wahl ihre Brille daheim vergessen hat und also das Kreuz statt bei der sieben bei der fünf gemacht hat. – – Die Wahrheit hat selten Pointen.

## Wie der Tafelhuber Toni seinen Hitler verleugnet hat

Gegen den Satan der Fleischeslust ist noch kein Kraut gewachsen, besonders im Fasching nicht. Auch wenn man eingeschriebenes Mitglied der NSDAP ist, erliegt man halt leicht der Versuchung, wie uns dies der Fall Tafelhuber zeigt. Der Tafelhuber Toni war nämlich ein überaus eifriger Hakenkreuzler, aber trotzdem verleugnete er bei der letzten Redoute seinen Hitler, und daran war nur so ein raffiniertes Frauenzimmer, Gott verzeih ihr die Sünd, schuld. Die hat den Tafelhuber Toni direkt um ihre Finger gewickelt, akkurat wie die Dalila ihren Simson. Dabei war der Tafelhuber gar kein Simson nicht.

Begonnen hat es so: wie es nämlich angefangen hat, da ist der Toni noch bei seinen speziellen Parteifreunden gesessen, in der Nähe der illuminierten Tanzfläche. Eine illustre Korona war das. Noch hat er sich nicht mal nach dem Schatten eines Weibes umgeschaut, sondern hat bloß sarkastische Bemerkungen fallen lassen über dem Kardinal Faulhaber seine letzte Predigt. Aber dann wollte es plötzlich das hinterlistige Schicksal, daß er seine Circe findet. Das war eine üppige Erscheinung, direkt rassig. Sie ging als Andalusierin und hatte was für ihn. Sie ist an ihm vorbeigerauscht, und er fühlte sich magisch hingezogen. Und sie hat halt nicht locker gelassen mit ihren verheißungsvollen Augen und den halbgeöffneten sinnlichen Lippen. So wurde er verzaubert.

Fünf mal hat er dann getanzt damit, und zwar gleich hintereinander. Sie preßte sich an ihn, und ihm tat das wohl, denn sie war halt kein Krischperl. Hernach wurde er plötzlich romantisch und gebrauchte ein dichterisches Bild, worauf sie sich an seinen Arm hängte und meinte, sie müsse nun etwas trinken vor lauter Linksrum. Er stieg mit ihr auf die Galerie in ein schattiges Eck. Dort setzten sie sich, und wie auf ein Kommando intonierte die Musik eine getragene Weise. Aber das war alles nur Schicksal. Sie trank einen süßen roten Likör, und er sah ihr dabei zu. Dann kamen sie sich immer näher und gaben keinen Ton von sich. Mitten drin ging aber plötzlich ein Herr vorbei, und dieser Herr war ein Jud. Er lächelte rabulistisch und warf der Andalusierin einen provozierenden Blick zu, den diese automatisch erwiderte, denn sie war halt eine kokette Person.

Der Tafelhuber jedoch wollte seiner Beobachtungsgabe schier nicht trauen. Vor seinem geistigen Auge wiederholte er sich diese Szene, und immer mehr wurde für ihn diese Episode abermals zum Beweis. Er wollte es sich nicht gefallen lassen, daß ein Semit die Seinige so orientalisch-lüstern anschaut, aber der Orientale war schon verschwunden, und nun entstand zwischen dem Paar ein Meinungsaustausch über diese ganze Judenfrage. Der Teufelhuber wurde immer stolzer und setzte seiner Andalusierin allerhand auseinander, aber diese blieb verstockt. Ja sie meinte sogar, daß ihr das schon sauwurscht wäre, ob Jud, ob Christ, ob Heid, für sie wäre die Hauptsache, daß einer ein Menschenantlitz trägt. Und plötzlich fuhr sie ihn an: »Oder bist du gar so a Hakenkreizler? Die mag i nämlich scho gar net!« Sie sah ihn direkt durchbohrend an. »Mei Vater is Sozialdemokrat, mei Mutter is Sozialdemokrat, und i bins a«, sagte sie und zog sich zurück von ihm, so daß es ihm an der ihr bisher zugewandten Seite ganz eisig entlang wehte. Weil er halt auch schon ziemlich durchschwitzt war. Er wollte sich an ihr wärmen wie an einem Feuer – aber da fiel ihm schon wieder der Kardinal ein und der Herr Owen Young, besonders letzterer grinste sehr höhnisch – »Nur nichts mehr denken«, dachte der

Tafelhuber verzweifelt und konnte nicht mehr anders. Sein aufgestacheltes Verlangen nach den einladenden Formen seiner marxistischen Andalusierin blieb weiter bestehen und wuchs sich aus, trotz der diametral anderen Weltanschauung. Auch ein SA-Mann ist halt zu guter Letzt nur ein Mensch. Auch er ist doch nur ein Mann mit demselben Gestell wie ein Exot. Was helfen da alle guten Vorsätze, das Leben legt seine Netze aus und fragt weder nach Rasse noch nach Religion. Manchmal ist halt auch bei einem Hitlermann der Geist willig und das Fleisch schwach. Und er sagte: »Nein, ich bin kein Hitler nicht.« – So hatte er seinen Hitler verleugnet, ehe die dritte Française getanzt war.

Aber hernach hat er es mit den Gewissensbissen bekommen und nicht zu wenig. Er ist ganz dasig an den Tisch seiner Parteigenossen zurückgekehrt und hat sich einen furchtbaren angetrunken vor lauter Zerknirschung. Düster hat er vor sich hingestarrt und gegrübelt, eine lange Zeit. Dann ist er plötzlich aufgesprungen und hat losgebrüllt: »Ja Herrgottsakrament, sind wir denn noch in Deutschland oder nicht?!« Man beruhigte ihn und setzte ihm auseinander, daß er sich noch in Deutschland befände, und zwar mitten in München, aber er wollte es nicht glauben. Er lallte nur Abwegiges vor sich hin und wankte benommen. Man führte ihn hinaus in die frische Luft. Ein feiner Nebel lag über dem Asphalt, und wenn er sich nicht hätt übergeben müssen, dann hätt er die Sterne der Heimat gesehen.

## Souvenir de Hinterhornbach

Wir waren nun drei Wochen lang in Hinterhornbach, in einem der finstersten Winkel des heiligen Landes Tirol, 1200 Meter hoch über dem fernen Meer.
Wir sind auf die Berge gestiegen und sind auch wieder hinabgestiegen, wir haben dort droben die seltsam stille Luft ein- und ausgeatmet und dabei das Wild im Walde geärgert. Das waren schöne Ferien!
Nun sind sie aber leider zu Ende und so kehren wir halt mit einer gewissen Wehmut, erfrischt und beruhigt in unsere Stadt zurück. Und diese Rückkehr ist ziemlich kompliziert. Zuerst mußten wir ein Stück laufen, jetzt sitzen wir in einem hohen Wägelchen, drunten in Stanzach kommt dann die Motorpost und erst in Reutte die Eisenbahn.
Es ist Nacht, die Straße ist noch vom K. K. Ärar angelegt worden, herrlich und halsbrecherisch – – immer am oberen Rande einer Klamm entlang, tief unter uns tobt der Hornbach, aus dem schwarzen Walde wächst das silberne Grau der Felsen in den Mondhimmel und das alles zusammen ist direkt wildromantisch.
Und während wir so ins Lechtal hinunterfahren, fällt es mir immer wieder ein: Hinterhornbach, zwölf Häuser und dreiundachtzig Seelen.
Und ich muß immer wieder an diese Seelen denken und zwar hintereinander. Jede einzelne Seele tritt vor mich hin und fragt mich: »Erinnerst du dich noch an mich?« »Natürlich, du bist doch der Pfarrer, der den anderen Seelen das Tanzen verbietet, und der erst vorgestern eine weibliche Seele von der Kanzel herab verdonnerte, weil sie mit bloßem Hals auf dem Felde gearbeitet hat« – – und nun winkt mir eine alte Seele zu, eine richtige Urgroßmutter,

die in der Kirche auf der Hurenbank sitzen muß, weil sie vor fünfundsechzig Jahren ein außereheliches Kind neben ihren vierzehn ehelichen bekommen hatte – – ihre Enkelkinder haben schon längst kirchlich geheiratet, aber die Ahnfrau muß auf der Schandbank beten. Der Einzige, der nicht beten will, das ist der verzweifelte alte Lehrer, der sich völlig versoffen hat, und dessen Frau Ibsen liest, um den Pfarrer zu ärgern – – und jetzt fällt mir ein abgestürzter Tourist aus Geislingen ein, dessen Leichnam in einer Scheune verweste, weil die Hinterhornbacher für die Bestattungskosten nicht aufkommen wollten, und auch an den kleinen Gemeindestier Sebastian muß ich nun denken, dem man heimlich Nähnadeln ins Heu gestreut hatte, um den Bürgermeister zu ärgern. Man weiß es noch heute nicht, wer dies tat, ein jeder meint, der andere sei es gewesen – – sie kennen sich nämlich genau, weil sie leidenschaftlich gern spionieren. So hat jedes Haus sein Fernrohr, durch die sie sich schadenfroh gegenseitig in die Häuser zu schauen trachten. Und weil die Hinterhornbacher so boshaft sind, drum haben sie auch ein boshaftes Gespenst, namens Buhz. Der Buhz schleicht sich an die Höfe heran, reißt den Leuten den Hut vom Kopf, zerbricht Brücken, ruiniert das Vieh, verdirbt das Heu, versperrt durch Steine und Stämme die Wege und glaubt auch nicht an den lieben Gott.

»Den wievielten haben wir denn heut?« fragte plötzlich jemand im Wagen. »Den 15. März 1930«, sagte ich.

## Der mildernde Umstand

Der Drogist Lallinger ist ein begeisterter Nazi, und zwar schon seit längerer Zeit. Er ist ein direkt prominentes Mitglied in seiner Ortsgruppe, aber in den Landtag ist er halt noch nicht hineingewählt worden, sondern der Herr Major. Dieser Major ist ein Norddeutscher – »überhaupts wächst sich unser Herr Major zu einem Schädling in unserer Bewegung aus, der Saupreiß, der windige!« versicherte mir der Lallinger, als ich ihn unlängst in der Schellingstraße traf. »Dir darf ichs sagen«, fuhr er fort, »denn du bist ja ein Internationalist! Aber meiner Seel, mir ist schon manchmal a so a roter Hund lieber als wia so a Preiß! Du wirst schon sehen, wie sehr daß der völkische Gedanke bei uns in Bayern zusammenschrumpfen wird, seitdem daß der Hitler in Norddeutschland droben einen derartigen Sukzeß hat!«

So unterhielten wir uns, natürlich ausschließlich über Politik, denn der Lallinger war ein durchaus politisierter Mensch. Er erzählte mir auch, daß er gerade vom Gericht komme, aus einem hochpolitischen Prozeß ersten Ranges; dort hätte er nämlich einen Entlastungszeugen markieren müssen, aber man habe ihm kein Sterbenswörtchen geglaubt. Es drehte sich um die gerichtliche Sühne einer schweren Körperverletzung anläßlich einer Wahlversammlung in Oberlochhausen, und an dem ganzen Schlamassel waren natürlich nur einige Zwischenrufer schuld, die um einen runden Tisch herumgehockt seien und ihre Schandmäuler nicht hätten halten können. »Was waren denn das für Zwischenrufe?« erkundigte ich mich schüchtern. »Lauter zustimmende natürlich!« versicherte mir stolz der Lallinger. Ich sah ihn überrascht an, worauf er mir auseinandersetzte, daß die Sache natürlich einen Haken gehabt hätte, denn die Zwischenrufer seien total besoffen gewesen, und durch diese Tatsache wären nun ihre begeistert zustimmenden Rufe in einer eigentümlichen Weise in das Gegenteil verwandelt worden. »Und plötzlich«, fuhr er fort, »war eine ganz lächerliche Atmosphäre im Saal. So hab ich mich halt erheben müssen, weil ich den Vorsitz geführt hab, und hab gesagt: ›Meine Herren Zwischenrufer‹, hab ich gesagt, ›ich werd jetzt wohl bald gezwungen werden, von meinem Hausherrnrechte Gebrauch zu machen, falls die Herren Zwischenrufer nicht das Maul halten wollen, das ganz abscheuliche! Hier dreht es sich um unsere Erneuerung‹, hab ich gesagt, ›und nicht um den Bierrausch der Herren Zwischenrufer!‹ Aber kaum hab ich geendet, da hab ich schon den Kopf zur Seite tun müssen, denn da ist auch schon ein Maßkrug durch die Luft geflogen. Und dann ists halt aufgangen. Es werden wohl hundertzwanzig Personen gewesen sein, die wo da gerauft haben. Hernach waren halt zwanzig Stühl zerbrochen, dreißig bis vierzig Maßkrüg – auf nähere Details erinnere ich mich aber nicht mehr. Ich weiß nur noch, daß die Bsoffenen meinen Bruder unter ihren Tisch nunterzogen haben und mit ihren Genagelten in seinem Antlitz herumgetrampelt haben, direkt fanatisch, die Hammeln, die hundsheiternen! Aber zum Glück hat das Ganze nicht lange gedauert, durch einen glücklichen Irrtum. Nämlich als die Rauferei grad angegangen ist, ist ein Bsoffener hereingekommen, der wo von nichts eine Ahnung gehabt hat – und dem hat dann mein Bruder, der wo sonst ein sehr friedliebender Charakter ist, ein Maßkrug von hinten auf den Schädel naufgsetzt, daß er zersplittert ist in tausend Teile – und der Bsoffene ist umgfallen, ohne einen Ton von sich zu geben, wie eine Leich. Jetzt sind halt natürlich alle furchtbar erschrocken und haben gemeint: ›Schau, jetzt ist der gar tot!‹ – und so habens halt gleich aufghört zu raufen vor lauter Entsetzen. Wir haben dann den Toten in das Nebenzimmer geschafft, und ich hab die Versammlung wegen dieses traurigen Ereignisses schließen wollen. Aber kaum hab ich mit meinem Schlußwort angefangen, es war eine feierliche Stille, weil halt jeder gemeint hat, nebenan liegt ein Toter – also kaum hab ich die ersten Worte gesagt, geht die Tür auf, und der Tote kommt rein; er hat einen ganz blutigen Schädel gehabt und war noch immer nicht ganz nüchtern. ›Ja Blutsakrament!‹ brüllte der Tote. ›Wo is er denn, der Hund, der Schlawak, der Häuter, der wo mi da niedagschlagn hat?! Sakrament, Sakrament, den spring i jetzt aba aufn Nabel nauf!‹ – Natürlich hat man aber den Toten sofort beruhigt durch gütliches Zureden. Aber angezeigt hat er meinen Bruder halt doch, und heut war die Verhandlung. Mein Bruder hat gesagt, es tät ihm sehr leid und er empfände Reue darüber, daß er den Toten niedergschlagen hat, aber es wäre halt ein Irrtum gewesen, und er bitte um mildernde Umständ, weil der Tote ja einen derartigen Rausch gehabt hätte, daß er eh umgfallen wär. Er hat dann auch nur die Mindeststrafe bekommen, und zwar mit Bewährungsfrist.«

# Die gerettete Familie

Am 7. August 1922 war ich sehr verliebt und zwar in eine gewisse Frau Elisabeth Tomaschek aus dem VIII. Bezirk. Der Herr Tomaschek war damals gerade verreist und so stand meinen Gefühlen fast nichts mehr im Wege. Ich gebs heut gerne zu, daß das moralisch nicht schön von mir war, aber von einem natürlichen Standpunkt aus betrachtet wars doch auch wieder nicht unschön. Die Natur ist halt mal ungerecht und obendrein war ich damals noch ziemlich hemmungslos, der Krieg war ja auch noch kaum vorbei.

Am 12. November 1928 kam nun der Herr Tomaschek, den ich inzwischen schätzen gelernt hatte, unerwartet zu mir. Er war erregt und sagte: »Ich hab grad eine Karambolage hinter mir!« Und dann setzte er mir auseinander, daß diese Karambolage mit einem scharfen Wortwechsel zwischen ihm und seiner Gemahlin begann und zwar über das Thema, ob der Bubi humanistisch gebildet werden müßte oder ob er in die Oberrealschule gehen sollte. Die Frau war absolut für die Oberrealschule, weil diese ganz in der Nähe lag, aber er hatte eine Schwäche für das Unpraktische. Energisch verteidigte er den Wert des humanistischen Bildungsideals und dabei entschlüpfte ihm leider Gottes ein ordinäres Schimpfwort. Die Frau schimpfte natürlich zurück, das ging so her und hin, bis die Frau (und für sie dürfte diese ganze Debatte wahrscheinlich nur ein Anlaß gewesen sein, um einem seit 1920 aufgestapeltem Groll das Ventil zu öffnen) – – »und jetzt kommt die Karambolage!« schrie mich der Tomaschek an, »sagt das Luder nicht, daß sie am 7. August 1922 etwas mit dir gehabt hätt!«

»So«, sagte ich, »also das find ich unerhört!«

»Ich möcht halt jetzt nur klar sehen«, fuhr der Tomaschek fort, »ob das nämlich stimmt, denn wenn das nämlich stimmt, laß ich mich nämlich scheiden, das kann mir niemand zumuten, daß ich mit einer zusammenleb, die sich mit dir eingelassen hat! Sags mir nur ruhig, das wird unsere Freundschaft nicht stören! Ich bin dir nicht bös, denn du kannst ja nichts dafür. Meiner Seel, das Weib ist halt mal so ein Grundübel, die personifizierte Sünd, das Laster in persona!«
Während er so sprach, überlegte ich krampfhaft, wie ich vorgehen sollte. Also eine Familie wollte ich nicht zerstören, denn das wäre gegen meine Prinzipien gewesen. Aber eigentlich wollt ich auch den braven Tomaschek nicht täuschen, ich hatte ein direkt miserables Gefühl bei dem Gedanken, daß ich sein verständnisvolles Vertrauen mißbrauchen sollte – – schließlich siegte mein Altruismus: zwei Menschen, die das Schicksal gesetzlich zusammengetrieben hat, sagte ich mir, dürften nicht voneinandergejagt werden, und solches erst recht nicht, weil dann der herzige Bubi auseinandergerissene Eltern hätt – – und so antwortete ich dem Tomaschek: »Also ich find das von deiner lieben Gemahlin schon ziemlich legere, daß sie mich da in ein Drama hineinziehen möcht, bloß um dich aufzuregen. Natürlich ist das alles erlogen!«
Mein Tonfall beruhigte ihn und er gab mir seine klebrige Hand. »Ich muß jetzt noch ins Continental«, sagte er. »Also du glaubst mir?« fragte ich. »Ich glaub alles«, sagte er und es lag eine gewisse Resignation in seiner Stimme.
Kaum war er weg, rannte ich zu seiner Frau. »Elisabeth!« fuhr ich sie an. »Der Viktor war grad bei mir und hat sich erkundigt – –« »Ich weiß schon!« unterbrach sie mich. »Einen Schmarrn weißt du!« brüllte ich und das war alles programmgemäß. »Ich hab ihm natürlich gebeichtet, daß ich was mit dir gehabt hab, weil er mich an meiner Ehre

gepackt hat! Und jetzt will er sich partout scheiden lassen!« »Also endlich!« sagte sie und setzte sich.
Das hatte ich nicht erwartet, denn ich wollte ja gerade das Gegenteil. Ich dachte sie durch mein erfundenes Geständnis einzuschüchtern, aber jetzt mußte ich mitansehen, daß sie direkt erleichtert tat. Momentan wußte ich gar nicht, was ich sagen sollte. »Du kannst es ja gar nicht wissen«, unterbrach sie plötzlich die Stille und sah mich lang an. »Was denn?« erkundigte ich mich kleinlaut. »Wie gut daß er und ich zusammenpassen«, sagte sie und betrachtete spöttisch meine modernen Schuhe. »Ich hätt mich ja mit dir nie eingelassen«, fuhr sie fort, »wenn ich nicht gewußt hätt, daß er sich bereits mit allerhand Menschern abgibt.« Nun stand sie am Fenster und das sah aus, als wollte sie überall hinaus. Auch aus sich hinaus.
»Und der Bubi?« fragte ich plötzlich scheinbar nebenbei, denn nun kam mein letzter Trumpf. »Wenn sich der Viktor jetzt scheiden läßt, bist natürlich du der schuldige Teil und den Bubi kriegt natürlich der Viktor.« Das riß sie aber sehr zusammen! »Was sind das für unnatürliche Gesetze!« schrie sie und war fürchterlich verzweifelt. Eine Mutter muß man eben bei ihrem Bubi packen, wenn man was bei ihr erreichen will.
In diesem Augenblick trat abermals unerwartet der Tomaschek ein. »Was machst denn du da?« fragte er mich mißtrauisch, aber sie ließ mich nicht antworten, sondern stürzte sich weinend auf ihn, umklammerte ihn und jammerte grauenhaft. Immer wieder bat sie ihn unartikuliert um Verzeihung und küßte ihm sogar die Hand. Er sah mich fragend an. »Ich hab ihr nur grad vorgehalten«, sagte ich, »wie sie nur sowas behaupten kann, daß ich was mit ihr gehabt hätt, wo das doch gar nicht wahr ist.«
Also eine solche Wirkung haben meine Worte noch kaum gehabt. Sie taumelte direkt vom Tomaschek zurück und

zitterte wie ein verprügeltes Tier. Und dann blickte sie mich an, und das war derart unheimlich gehässig, daß es mir eiskalt hinunterlief. Aber der Tomaschek machte bloß eine wegwerfende Geste. »Sie ist halt blöd, das arme Hascherl!« sagte er.
So rettete ich eine Familie vor dem Verfall.

# Der Fliegenfänger

Vor zirka zwei Jahren lernte ich einen tatsächlich merkwürdigen Menschen kennen, und zwar in der Nähe von Füssen im Allgäu. Es ist dies ein uraltes Kulturland, und jener merkwürdige Mensch hatte bereits häufiger mit den Gerichten als Angeklagter zu tun gehabt, und zwar ist dann hernach in der Zeitung immer unter derartigen Überschriften darüber berichtet worden, wie zum Beispiel: »Ein Rohling«, »Ein Unhold«, »Vertierter Bursche« oder dergleichen.

Als ich ihn kennenlernte, war es schon spät am Nachmittag, so Ende September gegen sechs. Es dämmerte draußen auf der Landstraße und drinnen im Wirtshaus saßen sechs betrunkene Herren. Nämlich um neun Uhr früh wurde im nahen Städtchen dem einen Herrn seine Frau begraben – es ist das ein gelungenes Begräbnis gewesen, und der Herr war nun ein Witwer. Und der Bruder dieses Witwers war besagter merkwürdiger Mensch. Auch er hatte bereits sein Quantum Bier in sich und versicherte nun in einer Tour, daß ihm schon rein gar nichts den Appetit verderben könne, und zwar besonders heute nicht.

Man beruhigte ihn und versicherte ihm, daß man es ihm natürlich auf der Stelle glaube, daß ihm nichts den Appetit verderben könne, aber der merkwürdige Mensch tat sehr ungläubig, und plötzlich wurde er rabiat. »Das möcht ich aber doch gerne sehen«, brüllte er, »schon sehr gerne möchte ich das sehen, ob da einer da ist, der es vielleicht gar meint, daß ich mich vor irgend etwas grause! So etwas hat die Technik noch nicht erfunden, meine Herren, vor dem ich mich grausen tät! O du angenagelter Himmelherrgott, wer hat denn jetzt eine Schneid und wettet jetzt mit mir, daß ich den Fliegenfänger dort zusammenfriß?!«

Der Fliegenfänger hing in der Herrgottsecke, knapp vor dem Kruzifix. An dem gelben Zeug klebten zirka hundert Fliegen. Einige bewegten sich noch und verendeten langsam. Andere waren schon seit Tagen tot.

»Also wer hat jetzt hernach eine Schneid und wettet mit mir um zehn Maß Bier?« ließ sich der merkwürdige Mensch abermals vernehmen und fixierte seinen Bruder, den Witwer, suggestiv und hinterlistig. Aber dieser kannte sich schon aus und sah den Herausforderer melancholisch an. »Ich«, meinte er, »ich wette schon mit dir, denn das wirst du heute nicht fertigbringen, daß ich mich heute aufrege, lieber Albert.« – – »Es bleibt in der Familie!« rief einer der Herren und leerte sein Glas auf das Wohl der beiden Brüder, während Albert sich daran machte, den Fliegenfänger zu verzehren.

Inzwischen hatte es draußen angefangen zu regnen, kalt und zart. Der erste stille Herbstregen fiel auf das Grab der toten Frau und Schwägerin, an die momentan keiner der Herren dachte. –

Ihr Schwager Albert hatte nun bereits drei Viertel des Fliegenfängers verschlungen, jedoch plötzlich ging es nicht mehr voran, das letzte Endchen wollte partout nicht verschwinden. Es hing aus dem Munde heraus und er wurde rot im Gesicht, dann weiß und dann grau. Er hatte die Wette verloren und die zehn Maß Bier empfahlen sich artig am Horizont.

»Das ist halt die Tücke des Objektes«, konstatierte sein Bruder so von oben herab und bestellte sich einmal Schweinsschlegel mit gemischtem Salat. Auch wir ließen uns das gleiche kommen. Nur der merkwürdige Mensch bestellte sich einen Fisch mit Salzkartoffeln und zerlassener Butter.

## [Der Stolz Altenaus]

»Ich will in meiner Heimat begraben sein«, sagte mir der Herr Generaldirektor. »Ich liebe meine Heimat«, fuhr er fort, »meine Mutter ist vor zwanzig Jahren gestorben, ich ließ ihr bereits vor sechs Jahren ein großes Familiengrab errichten. Dort will ich liegen. Die Heimat gibt uns Kraft zum Wirken für das Vaterland. Ich hab auch das Kriegerdenkmal gestiftet.«
So plauderten wir noch weiter. Der Herr Generaldirektor war ein großer starker erfolgreicher angenehmer, moralisch verkommener Mann, der gebildet war. Er habe sich auch mit Kulturgeschichte beschäftigt, so sei, zum Beispiel, er ein Renaissancemensch. Ein Selfmademan.
Ich sollte ihn im Auftrag meiner Zeitung befragen, da wir einen kleinen Artikel zu seinem sechzigsten Geburtstage bringen wollten, weil er die Hälfte des Aktienkapitals unserer Zeitung hatte. Unsere Zeitung war in einem Trust. Wir hatten vor allem Provinzblätter und logen fürchterlich.
Ich kannte des Herrn Generaldirektors Heimat Altenau, denn es wurden mir dort mal zehn Mark gestohlen.
»Ich bleib meiner Heimat treu«, sagte der Generaldirektor und verabschiedete sich. Schwere Sorgen umwölkten seine Stirne, enttäuschender Abschluß von nur fünf Prozent Dividende.
Er sagte, er habe sich selbst emporgearbeitet, das sei eben der gesunde Schlag des Mittelstandes. Jeder kann sich emporarbeiten, schrieben wir in den Zeitungen und wußten, daß es nicht stimmt. Wir logen. Wir sagten, die Regierung verbiete die Arbeit, wenn es die Arbeitszeit regeln wollte.
Der Marktflecken Altenau liegt in Mitteleuropa, unweit

der nördlichen Kalkalpen, 840 Meter hoch über fernem Meere. Man ist sich nicht klar darüber, wann er gegründet worden war, es steht nur fest, daß sich ein rachsüchtiger Kaiser des heiligen römischen Reiches deutscher Nation mit einem hinterlistigen päpstlichen Hausprälaten um das Eigentumsrecht an den Wäldern und Wiesen und Häusern, nicht zu vergessen der Einwohner, einige Jahrzehnte lang gestritten haben. Infolgedessen wurden acht Altenauer verbrannt, drei gerädert, sieben sind verkommen im Gefängnis und einmal wurde sogar der halbe Markt eingeäschert. Aber dann kamen ruhigere Zeiten und der Dreißigjährige Krieg war nur ein Kinderspiel, aber der Westfälische Frieden das war schon sehr schlimm. Da wurden nämlich in Altenau vier Ketzer verbrannt, weil sie Protestanten wurden, weil der Pfarrer ihren Frauen nachstellte. Die Frauen blieben katholisch und die Männer wurden gefesselt in den Teich geworfen und Gott wurde gefragt, ob er ihre Fesseln lösen wollte, aber Gott sagte: Nein, fällt mir nicht ein!

Noch heute lebt in Altenau eine alteingesessene Familie, die ihr Geschlecht auf einen der vier Ketzer zurückführt. Sie sind aber katholisch, der eine ist sogar ein Pfarrer und protestiert gegen die Verschmutzung der Öffentlichkeit durch das Anschauen nackter jugendlicher Personen im Alter von drei Jahren. Er ist ein großer Nationalist, Monarchist und verleumdete schon des öfteren die Linke. Er hält fest an der Tradition.

Der Stolz Altenaus ist der Herr Generaldirektor. Die Einwohner sind kleine Handwerker und große Bauern. Der Sohn Altenaus, der Generaldirektor, wurde in einem kleinen einstöckigen Hause geboren.

Sein Vater war Schuhmachermeister und als er geboren wurde, hatte er gerade Prozeß, er war nämlich sehr feig, gewalttätig. Er hatte seinem Lehrling immer die Finger zusammengebunden und dann drauf geschlagen, die Folge war, daß sich der Lehrling den Finger gebrochen hatte und dann später mit steifem Finger für das Vaterland fiel.

Die Mutter war eine boshafte, religiöse, romantische Frau, die Tochter des Metzgermeisters Sauer. Sie war häßlicher als ihre Schwester und infolgedessen zurückgedrängt. Alles was sie in sich hatte, trieb sie in den Jungen, die ganze Energie explodierte in dem Jungen. Beim Spiel mußte er immer siegen, sonst weinte er oder verprügelte den anderen rücksichtslos. Er war ein sympathischer Junge.

# Vom kleinen Beamten

Es war einmal ein möbliertes Zimmer. Das war nicht groß, das war nicht klein, das war auch nicht gerade schön – – – ja: eigentlich war es häßlich; aber es war billig; doch fast immer noch zu teuer für den kleinen Beamten.

Denn die monatliche Miete forderte ein Drittel seines Gehalts, das er jeden Ersten seiner Wirtin, der Witwe eines anderen kleinen Beamten, auf den Tisch zählte. Und er zählte sehr genau und ebenso genau zählte es wieder die gute Frau. Dann zählten es beide noch genauer so ungefähr zehn–zwanzigmal, obwohl es noch niemals geschah, daß auch nur ein lumpiger Pfennig gefehlt hätte; denn der kleine Beamte war von Grund auf ein genauer Mann, jedoch die Witwe ward noch genauer, da sie sparen mußte, mehr noch, wie er: denn dies Geld war nur die Hälfte ihres Einkommens; die andere Hälfte bestritt ihre Pension und die war gerade um zwei Drittel geringer, wie der ehemalige Gehalt ihres verstorbenen Mannes. Aber sie rauchte ja keine Pfeife und schnupfte auch nicht und trank nie Bier, nur Wasser: das war ihr Trost. Wenn auch nur ein schwacher. Aber irgendeinen Trost muß man doch haben! – – Dies spürte auch der kleine Beamte und da er keinen hatte, so suchte er einen und saß nun alle Abend in der Küche bei ihr am selben Tisch.

Sie stopfte seine Strümpfe und er sah zu. Und sprach nur selten, denn sie sprach fast immer: von der Milch und dem Wetter, der Regierung und dem Herd und ihrem seligen Manne. Der war ein braver Mann, es war eine glückliche Ehe, aber sie würde trotzdem nie mehr heiraten, nie mehr – – –

Und der kleine Beamte dachte: »Jaja, es ist schon so – – –« – – – obwohl er eigentlich anderer Meinung war.

# Mein Onkel Pepi

Ich hab es Jahre lang nicht in der Hand gehabt, nämlich Onkel Pepis Photographiealbum. Aber neulich nahm ich es mal wieder in die Hand, draußen regnete es sehr stark, ich hatte gerade nichts zu tun und war trotzdem so müde, daß ich mir wieder ganz klein vorgekommen bin.

Onkel Pepis Album ist purpurrot gebunden mit einer silbernen Spange à la Jugend. Genau mittendrin, zwischen dem Kinderbildnis der verarmten Tante Mariann und der letzten Aufnahme Großpapas, befinden sich zwei Seiten, die der Onkel Pepi sich selbst gewidmet hatte. Sie sind seines Albums Herz, in jedem Sinne des Wortes.

Links sieht man den Onkel Pepi als feschen altösterreichischen Leutnant um die Jahrhundertwende, wohnhaft im achten Bezirk, Piaristengasse, mezzanin. Herrlich ist seine Wespentaille, korrekt seine Haltung, überhaupt: »wie aus an Schachterl« – – aufregend für die Damenwelt, von der grande Zozott bis zum süßen Mädl aus Purkersdorf. Kein Wunder also, daß dies Bild von vier Photographien vierer pikanter Damen umgeben ist – – und auf der Seite nebenan kleben auch vier um eine fünfte, größere auserwähltere, eine Blondine mit traurigen Augen – – und wenn man das Album zuklappt, so liegen diese Auserwählte und der fesche Leutnant aufeinander. Das hat er sich direkt so ausgerechnet, der Onkel Pepi.

Und neben jeder dieser neun »Kisstihandknädigste« ist je ein Bildchen eingeklebt, eine Stadtansicht – – die jeweilige Garnison. Przemysl, Budapest, Lemberg, Agram, Wien und Újvidék – – und jede Frau vertritt eine Nation der ehemaligen Doppelmonarchie, als da sind: Polen, Ungarn, Rumänen, Böhmen, Kroaten, Italiener oder Wiener – – der Onkel Pepi ist nämlich noch niemals nationalistisch gewesen, sondern immer äußerst objektiv. Er schätzte an jeder ihre besondere nationale Note.

Und wie sah Onkel Pepis Damenflor aus? Heiliges fin de siècle von Österreich-Ungarn! Dieser Damenflor sah so aus, jede einzelne:

Mein Mann ist der Graf von Monbijou
Sie können mir alle nichts beweisen
Nur in der Phantasie war ich mit ihm auf »Du« – –

So sahen sie aus.

Der Onkel Pepi sieht mich an, stolz, elegant und liebenswürdig. Auch lächeln tut er, der Onkel Pepi. Ein ganz klein wenig. Er lächelt über seinen eigenen Stolz und ist stolz auf sein Lächeln über seinen Stolz. Er ist ein echter Altösterreicher und konstatiert mit wehmütiger Ironie, daß er in der feschen Uniform eines verfaulten Reiches steckt. – –

Als ich mich das letztemal vom Onkel Pepi verabschiedete, sagte er: »Also, wenn du mal recht blöd bist, so denk an mich!«

## [Das Café, in dem Michael Babuschke saß]

Das Café, in dem Michael Babuschke saß, lag in dem Eckhaus Steinstraße und Lindenstraße. Erstere war eine rege Geschäftsstraße, zweite eine kurze Sackgasse, die an einem hohen Bretterzaun mit Drahtverhau jäh mündete. Hinter diesem Bretterzaun breitete sich, mitten in der Stadt, ein großer Privatpark aus, mit vornehmen Statuetten, der ursprünglich von einem Fürsten erbaut worden war, jetzt aber einem Bankier gehörte, namens S. I. Goldmann. Ein Mann, der sich nach einer aufreibenden, hastenden Börsentätigkeit einem geruhigen Lebenswandel annahm. Er bewohnte das Barockschlößchen, unterstützte die Wissenschaft. Ehrendoktor verschiedener Fakultäten, verstand er zwar nichts davon, aber er baute der Universität ein Untersuchungsinstitut.

Die Steinstraße hatte 57 Häuser und rund 800 Wohnungen, in denen etwa 4000 Menschen wohnten. In den letzten zwei Jahren waren 27 geboren worden und 45 gestorben. Drei davon auf gewaltsame Art. Ein Dienstmädchen hatte ihr neugeborenes Kind erwürgt und in einer Pappschachtel über den Bretterzaun in den Park geworfen, ein junger Mann wurde von der Straßenbahn erfaßt und geschleift und eine alte Frau wurde von einem Auto, dessen Chauffeur betrunken war, überfahren. Der junge Mann war eben aus dem großen Kino gekommen, und wollte rasch über die Straße, weil er dort ein hübsches Mädchen erblickte. Die alte Frau, eine Witwe, wollte eine Freundin besuchen, ein altes Fräulein, das sich vom Sprachenlernen ernährte, die aber bessere Tage gesehen hat. Von ihrem Fenster aus konnte sie auf den Park sehen.

Vor zwanzig Jahren noch, war diese Gegend eine vornehme, die Leute fuhren mit Pferdedroschken hinaus, und es gab kaum ein Geschäft. Aber die Vornehmen sind alle fort, haben sich weiter draußen hingesetzt, und diese Straße wurde eine rege Geschäftsstraße, die Etappe der vornehmen Villenviertel. Heute fuhr die Trambahn durch mit entsetzlichem Gekrache und Getöse. Es waren fünf Linien, die nach auswärts führten.

Als Michael das Café betrat, war es zwei Uhr. Er setzte sich nicht sogleich, denn er suchte einen Eckplatz, denn er war gern »geschützt«. Er las die Zeitung. Er las verschiedene Zeitungs- und Kunstzeitschriften. Er blätterte scheinbar uninteressiert – – aber die nackten Weiber hatten es ihm angetan. Besonders die eine. Aber die Liebe war nichts für ihn. Er haßte die Liebe. Die Weiber interessierten ihn nicht. Einmal hatte er sich für eine interessiert, aber da bekam er einen Tripper. Er hätte sie sich am liebsten kaufen mögen und bekam einen Haß auf jede, warum sie sich so lange ziert. Auf der Untergrundbahn, überall, wo er ihnen unter die Röcke sehen konnte – – im Café, er hätte ihnen am liebsten ein Glas an den geschminkten Schädel geschmissen.
Drei Tische von ihm entfernt saß eine Frau. Er beobachtete sie. Sie zündete sich eine Zigarette an – – sah ihn groß an, doch als sie merkte, daß er keinen einwandfreien Schlips trug, sah sie weg. »Du Dreck«, dachte Michael.
»Freilich! Man müßte gekleidet sein, wie ein Geck – – dann ja sofort – einen grellen Anzug, grelle Krawatte, alles so gut sitzend, lässige Bewegungen, blasiertes Gesicht, geschniegelt, usw.«
Joachim betrat das Café. Er war geschniegelt und auffallend gekleidet. Und stank nach Parfum.

# Emil

Er war Stammgast in jenem Café, in das ich mich eines Abends verirrt hatte und das ich dann nie wieder betrat, denn es stank nach Literatur und sauerem Schweiß. Seinen Namen habe ich vergessen, aber ihn selbst würde ich sofort wiedererkennen, obwohl nun schon einige Jahre seit eben jenem Abend, an dem wir uns getroffen hatten, vergangen sind.

Damals sprachen wir über Kunstprobleme, das heißt: er öffnete alle Schleusen seiner Dialektik und ich hörte zu. Er sprach über Lyrik, obwohl er doch merken mußte, daß ich nichts davon verstand, und schielte dabei fortgesetzt auf mein Käsebutterbrot, daß mir der Brocken im Rachen stecken blieb. War dies Schielen eine Bosheit für die man noch Verständnis haben konnte, eine Bosheit aus Verärgerung: sich trotz seiner geistigen Überlegenheit kein Käsebutterbrot leisten zu können – – so war das Gerede über Lyrik eine glatte Gemeinheit. Denn dadurch, daß ich ihn nicht verstand, setzte er mir ja ständig auseinander, in vorwurfsvollem Tone, daß er mehr sei, als jemand, der sich ein Käsebutterbrot leisten könne, obwohl er selbst sich keines leisten konnte. Eine Gemeinheit diese Selbstbeweihräucherung, indem man einem Menschen den Appetit verdirbt, nur weil er nichts von Lyrik versteht, und man selbst kein Käsebutterbrot fressen kann!

Doch heute will ich nicht schimpfen, heute nicht! Man soll nichts Böses über Tote sagen. Soeben erhielt ich nämlich die Nachricht, daß er gestorben sei.

Ich habe seinen Namen vergessen – – aber nun will ich seiner gedenken, und so werde ich ihm der Deutlichkeit und Bequemlichkeit halber einen Namen geben, einen Namen, den meines Ermessens dieser traurige Kunde hätte tragen müssen, wenn er ihn nicht getragen hatte, nämlich den Namen Emil.

Es gibt viele Emils. Und jene unter ihnen, die meiner Menschenkenntnis trauen, sollen sich damit trösten, daß ihr Name nur tückischer Zufall ist, daß sie von rechtswegen Alexander, Hermann der Cheruskerfürst, Sardanapal oder Moritz heißen müßten.

Mein Emil war von knabenhaftem Wuchse und wenn man den Kopf nicht berücksichtigte schien er ein altgriechischer Jüngling in den Flegeljahren zu sein, aber mit Kopf war er eine Kaulquappe. Ohne ein Wasserkopf zu sein, war er doch viel zu schwer.

Ansonsten hatte Emil Sommersprossen, Pickel auf Stirn, Nase und Kinn, finstere Fingernägel, altmodische Halbschuhe und eine einzige Krawatte. Diese Krawatte war so unwahrscheinlich dünn, so ausgedörrt und abgemagert, als irrte sie ständig durch Wüsten ohne Wasser und hätte bereits als Säugling gefastet. Und zerfranst war sie und schlecht gebunden auch. Eine richtig traurige Krawatte, verschlampt und verkommen, einsam und sentimental.

Sie hätte Emils schwache Schwester sein können, gewisse unableugbare Familienähnlichkeiten waren vorhanden, nur daß Emil nicht zur Zierde geboren worden war, sondern zu Höherem ausersehen sich dünkte. Kraft hierzu fühlte er in sich. Eine Kraft, die ihn aufhorchen ließ.

Sonst horchte niemand. Keiner, außer er selbst, sah den Unterschied zwischen Krawatte und Emil. Ja, man verwechselte sogar die beiden miteinander, und dies nicht nur aus Unfähigkeit zu formulieren. Und die Frauen, die sahen überhaupt nur die Krawatte.

Kein Wunder also, wenn das Kapitel »Emil und das Weib« zerfahren, zergrübelt, gestammelt, asketisch und arrogant, schwülstig und verzweifelt wirkt. Denn zu guter Letzt war doch der arme Teufel Emil genau wie all die

anderen seiner Art: wenn der Nachbar fehlte, der das Käsebutterbrot verzehrte, so konnte er also auch keine Gespräche über Lyrik führen. Dann stierte er in die Ferne, seinem Horizont entlang, und zumeist blieb sein Auge an dem ihm räumlich zunächst befindlichen weiblichen Wesen kleben. Denn kurzsichtig war er auch.
Aber sie sah nur die Krawatte. Gestern, heute, morgen. Und entschwebte dem Café, wie ein sogenannter Traum.
Armer Emil! Jetzt, wo du unter dem Rasen verwest und die Krawatte im Mülleimer liegt, jetzt wird man euch unterscheiden können, und jetzt werden die Frauen nur dich sehen. Und werden sagen: Emil war ein großer Mann. Schon aus Pietät.
Vielleicht, nur weil du solch eine fadenscheinige Krawatte trugst. Wahrscheinlich sogar.

# Nachruf

*In der Nacht vom Sonntag zum Montag verschied Herr Alfred Kastner aus der Schellingstraße nach kurzem schweren Leiden.*

Ich genüge lediglich einer primitiven menschlichen Pflicht, wenn ich mit diesen Zeilen Alfred Kastners gedenke, weil ich ihm viel zu verdanken habe. Er war mir Freund und Führer.

Er war eine elegante Erscheinung und ein moralisch scheinbar verkommenes Subjekt. Bereits achtzehnjährig führte er einen erbitterten Kampf gegen den Paragraphen 181a (Zuhälter). Man sah es ihm gar nicht an, wenn man nicht psychologisch und physiologisch geschult war. So hielt ihn mal eine Syndikusgattin für einen Assessor, und da diese Syndikusgattin sehr leidenschaftlich war, spielte er den Assessor, und wenn er nicht gedroht hätte, daß er ihre Leidenschaft dem Herrn Syndikus mitteilt, hätte sie ihn sogar angezeigt, als sie entdeckte, daß er ihr anläßlich einer Soiree einen Brillanten aus dem Ohrring gebissen hatte.

Als ich Alfred kennenlernte, ging es mir gerade sehr schlecht. Ich hatte mir nämlich eingebildet, daß ich schriftstellerisch was leisten könnte, aber ich hatte keine Beziehungen zu den schönen Künsten. Das war eine arge Zeit, und ich erinnere mich wirklich nicht gerne daran. Damals sagte mir Alfred: »Ich glaub, die Kunst hört allmählich auf. Man muß sich ja nur mal vorstellen, was die Menschheit heut für Interessen hat, heut lebt doch jeder nach seinem Instinkt. Wenn ich du wär, würd ich in eine Druckerei einheiraten und lauter Gebetbücher drucken noch und noch, und die würd ich jenem christlichen chinesischen General offerieren, der übrigens ein ungarischer

Jud sein soll.« Und zwei Wochen später meinte er: »Du mußt natürlich etwas tun. Weißt du, was ich nicht versteh? Daß du dich nicht aushalten läßt! Ich hätt für dich eine adlige Pensionsinhaberin.«
Ich erwiderte aber Alfred auf das bestimmteste, daß ich mich unter keinen Umständen aushalten lasse, denn das würde mir meine Ehre verbieten. »Wenn schon!« sagte er und fügte hinzu: »Nebbich!« Und dann fuhr er fort, ob ich mir etwa einbilde, eine besondere Ehre zu besitzen? »Nein«, sagte ich, »ich hab eine normale Ehre.« »Na also!« meinte er.
Aber ich blieb fest und ließ mich nicht aushalten, weil man so was nicht machen soll. Man könnt sich ja selbst nimmermehr ins Antlitz schauen oder gar vor sich selbst hintreten!
In dieser Zeit nahm eine freisinnige Zeitung eine Marienlegende von mir an, betitelt: »Maria geht durch den Hochwald«. Und der Feuilletonredakteur schrieb mir, ich soll noch zwei längere und drei kürzere Marienlegenden für »unter dem Strich« schreiben, nämlich meine religiöse Inbrunst ist jenem direkt aufgefallen.
Aber davon konnt ich nur sehr kärglich leben, und als ich mir eine Goldkrone machen lassen mußte, bat ich Alfred, er sollte mir fünf Mark leihen, denn wenn ich keine Zahnschmerzen mehr hätte, könnte ich leicht auch zwanzig Marienlegenden schreiben und außerdem hätte ich auch Aussicht, Reklameartikel für eine andere Firma verfassen zu können. Aber Alfred gab mir nichts. »Es hat keinen Zweck, dich zu unterstützen«, sagte er. »Für mich bist du ein Idealist, du Idiot!«
Er konnt es mir niemals verzeihen, daß ich mich nicht aushalten ließ.
Er ruhe in Frieden!

## Wer den Pfennig nicht ehrt, ist des Talers nicht wert

An der Ecke drüben standen zwei volle Jahre über drei Nutten. Die eine hieß Annie und hatte sehr schlechte Zähne, die zweite war eine gewisse Frau Müller aus der Rosengasse und die dritte hieß Frieda und das war die schönste. Sie hatte einen direkt stolzen Gang und einen harmonischen Hintern – – sie hatte etwas Königliches an sich und dies konnte sie sich ruhig leisten, denn sie hatte ein Fluidum. Sie war die anspruchsvollste unter den dreien; sie schwärmte für Kino und führte überhaupt ein selbständiges Leben, ohne Freund. Sie brauchte keinen Menschen. Es mußte einer schon ganz pleite sein, um ihr widerstehen zu können. Sie wußte das auch und tat darnach.

Einmal fragte sie die kleine Erna, warum sie keinen Freund habe, und das fiele doch schon regelrecht auf, und dabei lächelte die kleine Erna gewollt unschuldig. Aber die Frieda sagte ihr, wenn sie sich auf jemanden konzentrieren täte, käme sie nie zu sich selbst. So muß sie ja nur mal einen kleinen Spaziergang machen oder sich mal zuhause still auf das Sofa setzen und schon ist sie bei sich. Sie bemitleidet sich dann selbst, lächelt sich selbst an, sagt sich selbst »Guten Tag, guten Morgen und gute Nacht« usw. So ungefähr hatte sie das der kleinen Erna erklärt.

Die Frieda hatte immer Glück mit ihren Kavalieren, das heißt natürlich nur in geldlicher Beziehung. Sie hatte wie gesagt ein Fluidum und sie machte aus ihrem Fluidum ein Geschäft. Aber einmal kam sie an den unrichtigen, der hatte sie dann entsetzlich verhaut und sie mußte sich direkt legen, bekam eine Narbe und mit der Zeit dann hörte auch das Fluidum auf. Sie versuchte zwar die Narbe zu über-

schminken, aber das sah dann noch gräßlicher aus, die Leut meinten, weiß Gott was. Sie war eben gezeichnet.
Die Geschichte geht so weiter: Es kam mal ein Reisender, ein gewisser Neuhuber. Der Neuhuber war ein Familienvater, ein tüchtiger Verkäufer, aber leider in sexueller Hinsicht ziemlich hemmungslos. Auch konnte er sich in dieser Beziehung nicht beherrschen und hatte eine Schwäche für jede Prostituierte. »Ich lieb halt diese Atmosphär«, pflegte er sich zu entschuldigen.
So kam es, daß er fast in jeder Stadt mit einer Prostituierten verschwand, hernach aber sich damisch ärgerte, wieviel Geld daß er wieder ausgegeben hat, sich irgendwo hinsetzte, an seine Frau eine liebe Karte schrieb und die Kinder grüßen ließ und sich besoff.
Eines Tages nun traf er Frieda und schon war es um ihn geschehen. Droben auf ihrem Zimmer bekam er aber plötzlich Gewissensbisse, es fiel ihm ein, daß seine Frau ihm geschrieben hätte, daß sie dringend zum Zahnarzt muß, sie hat so Schmerzen und der Zahnarzt verlangt eine Vorauszahlung von zwanzig Mark. Er besaß nur mehr zehn Mark und die sollte er nun hier los werden? Nein, nie. Er bot der Frieda drei Mark – – die Frieda stand vor ihm, sah ihn langsam an mit einem ungeheuer vernichtenden verachtenden Blick und sagte: »Gehen Sie.«
Er ging aber nicht, sondern bekam plötzlich eine heillose Wut über seine Frau. »Warum tun der auch grad jetzt die Hauer weh!« dachte er wütend und schrie die Frieda an: »Weißt du, wie lang ich arbeiten muß, um drei Mark zu verdienen?! Ich verdien mein Geld auf ehrliche Weise! Drei Mark ist viel Geld, du Schlampen!«
»Drei Mark ist Mist«, sagte sie. »Um drei Mark tu ich das nicht.«
Der Neuhuber suchte sie zu überreden: »Auch vor drei Mark müsse man eine Achtung haben.«

»Verlassen Sie augenblicklich mein Zimmer, Herr«, sagte die Frieda auf hochdeutsch und sah ihn maßlos gehässig an. Da konnte er sich nicht mehr halten und gab ihr mit seinem Schlüsselbund einen Schlag ins Gesicht. Die Frieda fing furchtbar an zu schreien, aber er entkam.

# Das Märchen in unserer Zeit

In unserer Zeit lebte mal ein kleines Mädchen, das zog aus, um das Märchen zu suchen. Denn es hörte überall, daß das Märchen verloren gegangen sei. Ja, einzelne sagten sogar, das Märchen wäre schon längst tot. Wahrscheinlich liege es irgendwo verscharrt, vielleicht in irgendeinem Massengrab.

Aber das kleine Mädchen ließ sich nicht beirren. Sie konnte es nicht glauben, daß es kein Märchen mehr gibt. Sie ging also in den Wald und fragte die Bäume, aber die Bäume murrten nur. Die Elfen der Wiesen sind längst fortgezogen, die Zwerge aus den Höhlen, die Hexe aus der Schlucht.

Und sie fragte die Vögel, aber die sagten: »Die Menschen fliegen schneller, wie wir, höher wie wir – kiwitt, kiwitt, es gibt kein Märchen mehr!«

Und die Rehe sagten, lächerlich, und die Hasen lachten, und der Hirsch gab überhaupt keine Antwort. Es war ihm einfach zu dumm.

Und die Kühe sagten, es wäre ihnen zu blöd, und sagten, man dürfe sowas vor den Kälbern gar nicht sagen. Sie sollten so dumme, zwecklose Fragen gar nicht hören, sie sollten darauf vorbereitet werden, daß sie geschlachtet würden, kastriert oder Milchspender würden. Ja, selbst wenn einer als Stier durchkomme, so sei das auch kein Märchen. Man müsse die Kälber aufklären.

Auf der Straße stand ein altes Pferd, das sollte zum Schlachter geführt werden. Es hatte ausgedient. Der Metzger saß im Wirtshaus und trank.

»Es wirds auch nicht wissen«, dachte das Mädchen, »aber ich will es fragen, denn es ist ein altes Pferd und weiß sicher viel.« Und sie fragte das Pferd.

Das Pferd sah das Mädchen an, verzog etwas seine Nüstern und stampfte dann mit den Hufen. »Du suchst das Märchen?« fragte es.

»Ja.«

»Dann verstehe ich es nicht«, sagte das Pferd, »warum du es noch suchst? Denn das allein ist doch schon ein Märchen!«

Und es blinzelte das Mädchen an.

»Hm. Mir scheint gar, du bist es selber, das Märchen. Du suchst dich selber. Jaja, je näher ich dich betrachte, desto mehr merke ich es: du bist das Märchen. Komm, erzähl mir was!«

Das kleine Mädchen geriet in große Verlegenheit. Aber dann fing es an zu erzählen. Es erzählte von einem jungen Pferde, das so schön war und alle Preise beim Rennen gewann. Und von einem Pferde auf dem Grabe seines Herrn. Und von wilden Pferden, die frei leben.

Und da weinte das alte Pferd und sagte: »Hab Dank! Jaja, du bist das Märchen, ich wußte es ja schon!«

Der Metzger kam und es wurde geschlachtet.

Am Sonntag gab es bei den Eltern Pferdefleisch, denn sie waren sehr arm.

Aber das kleine Mädchen rührte nichts an. Es dachte an das alte Pferd, wie es weinte.

»Sie ißt kein Pferdefleisch«, sagte die Mutter, »dann iß gar nichts.«

»Sie ist eine Prinzessin«, sagten die Geschwister.

Und das kleine Mädchen aß gar nichts.

Aber es blieb nicht hungrig.

Es dachte an das alte Pferd und wie es weinte, und wurde satt.

Ja, es war ein Märchen!

# Der Gedanke

*Ein Märchen*

Gestern begegnete ich einem Gedanken.
Ich war gerade spazieren und wollte wieder zurück, weil ich anfing, hungrig zu werden und außerdem dachte ich, jetzt wirds bald regnen, denn der Himmel hatte sich bezogen.
Da traf ich, wie gesagt, einen Gedanken. Ich weiß noch genau die Stelle, wo es war. Dort, wo der Wald aufhört, beginnt aufzuhören.
Ich bemerkte den Gedanken nicht sogleich, erst als er an mir vorbeiging und mich ansah – – da hielt ich unwillkürlich, ich hatte so etwas schönes noch nie gesehen!
Ich konnt mich zuerst gar nicht rühren vor Überraschung. Und dann war der Gedanke an mir vorbei. Ich lief ihm nach und fand ihn nirgends – – er war weg.
Zu dumm!
Ich ärgerte mich, wie kann man nur so blöd sein und so einen schönen Gedanken vergessen!
Und ich strengte mich an, daß er mir einfallen möge wieder, aber er blieb aus. Er kam nicht wieder. Ich lief ihm nach an vielen platten Gedanken vorbei, hübschen und nicht hübschen, häßlichen, es kamen mir inzwischen auch neue Gedanken, ich traf auch neue, fremde wurden mir vorgestellt. Aber der Gedanke, den ich suchte, blieb mir fern. Und ich wußte, ich brauche ihn, auf diesen Gedanken habe ich immer schon gewartet.
Aber es sollte nicht sein!
Ich gab die Hoffnung schon auf und unterhielt mich mit anderen Gedanken. Gedanken, die aus dem Schnaps kommen, aus Wein und Bier, aus einem guten Braten, aus einer hohen Kirche, vom Makt – – kurz allerhand Kraut und Rüben.

Aber ganz heimlich in mir blieb die Sehnsucht wach nach dem einen großen Gedanken – –
Ob ich ihn jemals wiedersehen werde?
Manchmal dachte ich schon, ich hätte ihn wieder, aber das war alles Täuschung. Vielleicht war eine gewisse Ähnlichkeit vorhanden, aber er war es nicht.
Und ich wurde immer trauriger über den schönen Gedanken.
Ich wußte, wenn ich ihn wiederhabe, dann darf mich die ganze Welt gern haben.
Dann pfeif ich auf alles.
Und dann kam ein Gedanke, es war ein sehr gescheiter belesener Gedanke, der sagte: Hör mal, ich glaub, das war gar kein Gedanke, mir scheint, das war eher ein Gefühl – –
Ein Gefühl? Daß ich nicht lache!
Lacht nicht! Man kann das oft nicht so genau unterscheiden – – es gibt Grenzen, man meint man hat ein Gefühl und derweil denkt man nur, und einen Gedanken und derweil ist das alles nur Gefühl!
Ich verbitte mir das! Ich werde wohl noch einen Gedanken von einem Gefühl unterscheiden können!
Abwarten! Was bin zum Beispiel ich?
Es gibt keinen ganz reinen Gedanken, immer ist auch irgendwo versteckt ein paar Prozent Gefühl und umgekehrt! Aber den Gedanken, den ich traf und vergessen habe, das war der reinste Gedanke! Und drum sehn ich mich auch so mit ganzem Herzen nach ihm.
Er starb. Und als der Engel des Todes kam sagte er: Ach, du bist ja mein Gedanke – –
Ja, sagte er, ich bin mal an dir vorbei und hab mir gedacht, soll dich jetzt der Schlag treffen oder nicht? Dann hab ichs mir überlegt. Ich bin weder ein Gedanke, noch ein Gefühl, ich bin der Friede! Friede auf Erden den Menschen, die

unter der Erde liegen! Komm, ich bin das Nichts. Drum hast du mich auch vergessen. Denn ein Nichts kann man nicht behalten.

# Neue Wellen

Während ich schreibe, höre ich draußen das Meer.
Denn mein Haus steht am Ufer.
Und das Meer will über das Ufer, es brandet und braust und der Sturm springt über das Dach, als wär die Welt ein Märchen.
Es ist zwar nicht mein Dach, unter dem ich da sitze und schreibe, es gehört einem alten Fischer und ich hab nur ein Zimmer gemietet, aber man sagt halt so, daß einem das Haus gehört, wenn man drinnen wohnt. Mir gehört eigentlich nichts. Nur der Koffer und eine alte Schreibmaschine – und ohne diese könnt ich kaum leben, denn die gehört zu meinem Beruf.
Ich bin nämlich Schriftsteller, aber trotzdem gehts mir nicht schlecht – ich meine: in materieller Hinsicht. Ja, ich bin sogar in einer ausgesprochen glücklichen Lage, denn einer der angesehensten Verleger hat einen Vertrag mit mir geschlossen. Jetzt hab ich endlich Gelegenheit, richtig arbeiten zu können, da ich der brennenden Sorge um das tägliche Brot enthoben bin. Ich hab mein Bettchen und mein Süppchen. Vorerst zwar nur für ein halbes Jahr, aber heut will ich nicht weiterdenken. Ich lasse die Zukunft verschleiert und konzentriere mich mit Haut und Haar auf meine Arbeit. Ich habe die Stadt verlassen, hier in der Einsamkeit wird mir schon was einfallen. Hier bin ich mit mir allein und es stört mich nur mein eigener Schatten. Ich schreibe ein Theaterstück.
Ob es ein Trauerspiel werden wird oder ein Lustspiel – ich weiß es noch nicht. Ich hab einen guten Einfall, eine alltägliche Liebesgeschichte in höchstens vier Akten. Aber ich seh noch keinen richtigen Schluß. Soll die Frau sich vergiften oder nicht?

Und was mach ich mit dem Mann? Vielleicht wärs doch besser, wenn sie am Leben bliebe, obwohl ich ein Realist bin.
Viele Pläne gehen durch meinen Kopf und das leere Papier ist so schrecklich weiß. Aber hier in der Einsamkeit wird sich schon alles herauskristallisieren.
Ich liebe das Meer.
Es kommt mit neuen und neuen Wellen, immer wieder, immer wieder – und ich weiß es noch nicht, ob es ein Lustspiel wird oder ein Trauerspiel.
Gestern war der Sturm noch stärker. In der Nacht sind die Netze zerrissen und ein Kahn kam nicht mehr zurück. Vielleicht taucht er auf über das Jahr mit schwarzen Segeln und fährt als Gespenst über die Wasser ohne eine Seele –
Ich weiß es noch nicht.

# Autobiographisches und Theoretisches

Über unser Buch der Tänze · Autobiographische Notiz (auf Bestellung) · Autobiographische Notiz · Fiume, Belgrad, Budapest, Preßburg, Wien, München . . . · Zensur und Proletariat · Flucht aus der Stille oder das Werden eines neuen gesellschaftlichen Bewußtseins · Unlängst traf ich einen Bekannten . . . · »Sie haben keine Seele« · Über Gerhart Hauptmann · Interview · Wenn sich jemand bei mir erkundigt . . . · Gebrauchsanweisung · Briefentwurf · Was soll ein Schriftsteller heutzutag schreiben? · Die Komödie des Menschen

# Über unser Buch der Tänze

Kurz nachdem ich Siegfried Kallenberg 1921 kennen lernte, schrieb ich auf seine Aufforderung hin sieben Tänze. Angewandte Dichtung könnte man sagen. Unabhängig voneinander beschäftigte uns das Problem der Vertiefung des Verhältnisses von Dichtung und Musik und die daraus sich ergebende Erweiterung des Begriffes Tanz. Weder die auf mehr oder weniger doch nur bildhafte Handlung gestellte Pantomime, bei der die Musik im Gegensatz zum absoluten Tanz doch nur die Rolle der Begleitung inne hat, noch die aus absoluter Musik rein willkürlich geformte Tanzdichtung konnte uns befriedigen. Wir erstrebten eine innigere Verschmelzung von Dichtung und Musik, die durch die tänzerische Darstellung zur Einheit erhoben werden sollte.
So entstand das Buch der Tänze.
»Tänze« --- weil das Wesentliche trotz der dramatischen Handlung nicht im pantomimisch-bildhaften, sondern im rein tänzerischen liegt. Die Vertonung hielt sich nicht sklavisch an die Bilder der Dichtung, sondern formte allein ihren inneren Gehalt, sozusagen die Atmosphäre. Während also die Dichtung dem Komponisten das Innere gab, so gibt sie den Darstellern den Rahmen, die Handlung. Aus Dichtung und Musik schafft so der Tänzer die neue Einheit.

# Autobiographische Notiz (auf Bestellung)

Geboren bin ich am 9. Dezember 1901, und zwar in Fiume an der Adria, nachmittags um dreiviertelfünf (nach einer anderen Überlieferung um halbfünf). Als ich zweiunddreißig Pfund wog, verließ ich Fiume, trieb mich teils in Venedig und teils auf dem Balkan herum und erlebte allerhand, u. a. die Ermordung S. M. des Königs Alexanders von Serbien samt seiner Ehehälfte. Als ich 1,20 Meter hoch wurde, zog ich nach Budapest und lebte dort bis 1,21 Meter. War dortselbst ein eifriger Besucher zahlreicher Kinderspielplätze und fiel durch mein verträumtes und boshaftes Wesen unliebenswert auf. Bei einer ungefähren Höhe von 1,52 erwachte in mir der Eros, aber vorerst ohne mir irgendwelche besonderen Schererein zu bereiten – – (meine Liebe zur Politik war damals bereits ziemlich vorhanden). Mein Interesse für Kunst, insbesondere für die schöne Literatur, regte sich relativ spät (bei einer Höhe von rund 1,70), aber erst ab 1,79 war es ein Drang, zwar kein unwiderstehlicher, jedoch immerhin. Als der Weltkrieg ausbrach, war ich bereits 1,67 und als er dann aufhörte bereits 1,80 (ich schoß im Krieg sehr rasch empor). Mit 1,69 hatte ich mein erstes ausgesprochen sexuelles Erlebnis – – und heute, wo ich längst aufgehört habe zu wachsen (1,84), denke ich mit einer sanften Wehmut an jene ahnungsschwangeren Tage zurück.

Heut geh ich ja nurmehr in die Breite – – aber hierüber kann ich Ihnen noch nichts mitteilen, denn ich bin mir halt noch zu nah.

# Autobiographische Notiz

Als der sogenannte Weltkrieg ausbrach, war ich dreizehn Jahre alt. An die Zeit vor 1914 erinnere ich mich nur, wie an ein langweiliges Bilderbuch. Alle meine Kindheitserlebnisse habe ich im Kriege vergessen. Mein Leben beginnt mit der Kriegserklärung.
Ich bin am 9. Dezember 1901 in Fiume geboren. Während meiner Schulzeit wechselte ich viermal die Unterrichtssprache und besuchte fast jede Klasse in einer anderen Stadt. Das Ergebnis war, daß ich keine Sprache ganz beherrschte. Als ich das erste Mal nach Deutschland kam, konnte ich keine Zeitung lesen, da ich keine gotischen Buchstaben kannte, obwohl meine Muttersprache die deutsche ist. Erst mit vierzehn Jahren schrieb ich den ersten deutschen Satz.
Wir, die wir zur großen Zeit in den Flegeljahren standen, waren wenig beliebt. Aus der Tatsache, daß unsere Väter im Felde fielen oder sich drückten, daß sie zu Krüppeln zerfetzt wurden oder wucherten, folgerte die öffentliche Meinung, wir Kriegslümmel würden Verbrecher werden. Wir hätten uns alle aufhängen dürfen, hätten wir nicht darauf gepfiffen, daß unsere Pubertät in den Weltkrieg fiel. Wir waren verroht, fühlten weder Mitleid noch Ehrfurcht. Wir hatten weder Sinn für Museen noch die Unsterblichkeit der Seele – und als die Erwachsenen zusammenbrachen, blieben wir unversehrt. In uns ist nichts zusammengebrochen, denn wir hatten nichts. Wir hatten bislang nur zur Kenntnis genommen.
Wir haben zur Kenntnis genommen – – und werden nichts vergessen. Nie. Sollten auch heute einzelne von uns das Gegenteil behaupten, denn solche Erinnerungen können unbequem werden, so lügen sie eben.

# Fiume, Belgrad, Budapest, Preßburg, Wien, München

Sie fragen mich nach meiner Heimat, ich antworte: ich wurde in Fiume geboren, bin in Belgrad, Budapest, Preßburg, Wien und München aufgewachsen und habe einen ungarischen Paß – aber: »Heimat«? Kenn ich nicht. Ich bin eine typisch alt-österreichisch-ungarische Mischung: magyarisch, kroatisch, deutsch, tschechisch – mein Name ist magyarisch, meine Muttersprache ist deutsch. Ich spreche weitaus am besten Deutsch, schreibe nunmehr nur Deutsch, gehöre also dem deutschen Kulturkreis an, dem deutschen Volke. Allerdings: der Begriff »Vaterland«, nationalistisch gefälscht, ist mir fremd. Mein Vaterland ist das Volk.

Also, wie gesagt: Ich habe keine Heimat und leide natürlich nicht darunter, sondern freue mich meiner Heimatlosigkeit, denn sie befreit mich von einer unnötigen Sentimentalität. Ich kenne aber freilich Landschaften, Städte und Zimmer, wo ich mich zuhause fühle, ich habe auch Kindheitserinnerungen und liebe sie, wie jeder andere. Die guten und die bösen. Ich sehe die Straßen und Plätze in den verschiedenen Städten, auf denen ich gespielt habe, oder über die ich zur Schule ging, ich erkenne die Eisenbahn wieder, die Rodelhügel, die Wälder, die Kirchen, in denen man mich zwang, den heiligen Leib des Herrn zu empfangen – ich erinnere mich auch noch meiner ersten Liebe: das war während des Weltkrieges in einem stillen Gäßchen, da holte mich in Budapest eine Frau in ihre Vierzimmerwohnung, es dämmerte bereits, die Frau war keine Prostituierte, aber ihr Mann stand im Feld, ich glaube in Galizien, und sie wollte mal wieder geliebt werden.

Meine Generation, die in der großen Zeit die Stimme mutierte, kennt das alte Österreich-Ungarn nur vom Hörensagen, jene Vorkriegsdoppelmonarchie, mit ihren zweidutzend Nationen, mit borniertestem Lokalpatriotismus neben resignierter Selbstironie, mit ihrer uralten Kultur, ihren Analphabeten, ihrem absolutistischen Feudalismus, ihrer spießbürgerlichen Romantik, spanischen Etikette und gemütlicher Verkommenheit.
Meine Generation ist bekanntlich sehr mißtrauisch und bildet sich ein, keine Illusionen zu haben. Auf alle Fälle hat sie bedeutend weniger als diejenige, die uns herrlichen Zeiten entgegengeführt hat. Wir sind in der glücklichen Lage, glauben zu dürfen, illusionslos leben zu können. Und das dürfte vielleicht unsere einzige Illusion sein.
Ich weine dem alten Österreich-Ungarn keine Träne nach. Was morsch ist, soll zusammenbrechen, und wäre ich morsch, würde ich selbst zusammenbrechen, und ich glaube, ich würde mir keine Träne nachweinen.
Manchmal ist es mir, als wäre alles aus meinem Gedächtnis ausradiert, was ich vor dem Kriege sah. Mein Leben beginnt mit der Kriegserklärung. Und es widerfuhr mir das große Glück erkennen zu dürfen, daß die Ausrottung der nationalistischen Verbrechen nur durch die völlige Umschichtung der Gesellschaft ermöglicht werden wird. Das ist mein Glaube. Lächeln Sie nicht! Dadurch, daß eine Erkenntnis oft als Schlagwort formuliert wird, verliert sie nichts von ihrer Wahrheit. Worauf es ankommt, ist die Bekämpfung des Nationalismus zum Besten der Menschheit. Ich glaube, es ist mir gelungen, durch meine »Bergbahn« den Beweis zu erbringen, daß auch [ein] nicht »Bodenständiger«, nicht »Völkischer«, eine heimatlose Rassenmischung, etwas »Bodenständig-Völkisches« schaffen kann, – denn das Herz der Völker schlägt im gleichen Takt, es gibt ja nur Dialekte als Grenzen.

# [Zensur und Proletariat]

Zensur ist Bevormundung. Zur Bevormundung braucht man Polizei. Zur Polizei braucht man das Zuchthaus. Wer ist Zensor? Pfaffe, Richter und Soldat. Was wird zensiert? Der Glaube an den Fortschritt. Was wird verboten? Die Vernunft, das Recht und der Friede. Was wird erlaubt? Der Abtreibungsparagraph, Giftgas, Wohnungsnot, Tuberkulose, gottgewolltes Wettrüsten und organisierter Betrug. Wer protestiert dagegen? Die Intellektuellen. Wer soll daran zugrunde gehen? Das Proletariat. Denn der Zensor würde sich um die Intellektuellen überhaupt nicht kümmern, würden sich die Intellektuellen nicht um das Schicksal des Proletariats kümmern. Und so kann auch nur das Proletariat den Zensor besiegen.

# Flucht aus der Stille
# oder das Werden eines neuen gesellschaftlichen Bewußtseins

Wenn ich auf die Frage antworten soll, warum ich dem Lande den Rücken gekehrt habe und in die Stadt gezogen bin, so muß ich gestehen, daß ich diese Antwort sogleich nur oberflächlich formulieren kann, ungefähr so: in der Großstadt habe ich mehr Eindrücke, sehe ich mehr und wichtigeres für unsere Zeit als auf dem Lande.
Mich besuchte mal ein Freund und wir gingen zusammen spazieren, es war ihm alles ungewöhnlich und er sah und genoß alles bedeutend empfindlicher als ich. Wir sprachen über die Natur und die Landwirtschaft, über das kleine Leben der Bauern und kleinen Bürger, das sich aber in ihrem privaten Leben genau so abspielt, wie in der Stadt, das der einzelnen Leute. Mein Freund gab mir recht und nun erschien uns alles plötzlich recht komisch, wir lachten über die Sorgen dieser Bauern, und das wars weil wir sie [als] einzelne Wesen sahen.
Plötzlich sagte mein Freund: Es ist höchste Zeit, daß du in die Stadt kommst, du lebst hier am Rande der Welt. Gewiß haben hier die Leute auch genau die gleichen Eigenschaften Tugend und Laster wie der einzelne Städter, aber du vergißt, daß es in der Stadt etwas gibt, das ist die Umwandlung des gesellschaftlichen Bewußtseins. Kannst du es hier vertragen, keine Ahnung von dieser Wandlung zu haben, zu kennen? In der Stadt wandelt sich das um, die Stadt ist gewissermaßen das laufende Band, das Land der kleine Privatwirtschaftler.
Es ist klar, daß die Stadt den Ton angibt, du kannst am Dorfe draußen auch all die Zeitungen lesen, aber es fehlt dir das Fluidum der Wandlung. Es bildet sich eine neue

Menschheit, auf dem Lande heraußen wirst du zum Beobachter, es fehlt dir die Atmosphäre der neuen Menschen.
Du lebst auf dem Lande in der sozialen Schicht, die untergeht.
Und dann ist noch eine Gefahr auf dem Lande, das ist die Stille. Unter Stille verstehe ich nun natürlich nicht die Geräuschlosigkeit, die man sich zum arbeiten auch in der Großstadt beschaffen kann.
Es ist die Stille der Atmosphäre, des Stillstands.
Die Stille ist oft besungen worden und zwar nach allen Regeln der Reimerei.
Auf dem Lande besteht die Gefahr des Romantischwerdens. Der sogenannten neuen Illusion. Ich will hier das Problem der absoluten Notwendigkeit des Träumens nicht berühren, das Phantasieren ist genau so notwendig wie das Sachlichsein, es ist da eine Vernachlässigung der seelischen Bedürfnisse. Aber auf dem Dorfe das sich in den Mittelpunkt stellen.
Hier berührt sich das Problem mit dem Ausspruch: die junge Generation hat keine Seele, was natürlich ein enormer Quatsch ist. Es hängt mit dem verlorenen Kontakt, mit dem verlorenen oder geopferten Trieb zusammen. (Der immer mehr sich verlierende Kontakt zur äußeren Natur ist nur ein Triebverzicht zum Nutzen der Kultur.)
Und nun das Wichtigste: bekanntlich braucht man zum denken einen Stuhl, auf dem man sitzt. Es hat sich allmählich herumgesprochen, daß das Materielle unentbehrlich ist. Und das bietet dem jungen Schriftsteller nur Berlin, von allen deutschen Städten. Berlin, das die Jugend liebt, und auch etwas für die Jugend tut, im Gegensatz zu den meisten anderen Städten, die nur platonische Liebe kennen.
Ich liebe Berlin.

## [Unlängst traf ich einen Bekannten ...]

Unlängst traf ich einen Bekannten in der Zimmerstraße.
»Ich verstehe Sie«, begrüßte er mich, »aber was ich nicht verstehe, ist einfach dies: warum haben Sie eigentlich Ihrem herrlich idyllischen Dorfleben den Rücken gekehrt und sind hierher nach Berlin gezogen? Sie sind doch sogenannter Schriftsteller und wenn ich mich in Sie hineinlebe, so stelle ich mir das so vor, daß Sie draußen auf dem Lande viel mehr Ruhe zum Dichten haben, außerdem haben Sie dort auch würzige Luft.«
»Also was die würzige Luft betrifft«, sagte ich, »da haben Sie relativ recht, aber bekanntlich kann man von der Luft nicht leben, selbst wenn sie würzig ist. Ich muß doch unbedingt nach Berlin, und zwar erstens: um unbedingt Geld zu verdienen. Vergessen Sie doch bitte nicht, daß man nicht nur zum Denken, sondern auch zum Dichten unbedingt Papier, Tinte oder Bleistift braucht, vom Essen, Schlafen und der Garderobe will ich jetzt gar nicht reden!«
»Also das hat sich allmählich herumgesprochen«, beruhigte er mich, »aber hören Sie mal: wenn ich Sie wäre, würde ich nur dann nach Berlin ziehen, wenn mir die Tinte, Papier oder drgl. gerade mal ausgegangen ist, wie ich dann aber die Sachen habe, würde ich mich sofort wieder von Berlin empfehlen, hinaus in den ländlichen Frieden, um dort meine Belletristik zu schreiben. Sie können sich doch draußen in der himmlischen Stille und an dem Busen der Natur bedeutend konsequenter konzentrieren, als wie im Trubel der Weltstadt. Hier wird man doch nur zu leicht von seiner Intuition abgelenkt.«
»Das glaube ich weniger«, sagte ich, »von der sogenannten wahren Intuition kann man nicht so mirnix-dirnix abgelenkt werden, aber abgesehen hiervon: ich kann,

wenn ich will, hier in Berlin genau so still leben, wie an dem Busen der Natur. Wenn man gerade eine Intuition hat, kann man hier leicht ein Eremitendasein führen, allerdings gibt es hier mehr Versuchungen, als wie draußen im Dorf, jedoch meist nur nach sieben Uhr abends. Aber ich hätte ja gar keinen Willen, wenn ich diesen Versuchungen nicht standhalten könnte! Es gibt natürlich auch unbewußte Versuchungen und Ablenkungen, man wird natürlich oft abgelenkt, ohne daß man es merkt. Aber in dieser Weise kann ich auch auf dem Lande abgelenkt werden, zum Beispiel durch einen Wald, durch eine Lichtung, und in der Stadt durch eine Fabrik, eine Straßenbahn – – aber das hat ja auch natürlich alles seine Vorteile, es wirkt in mir weiter, und springt auf einmal heraus in irgendeiner Szene eines Buches, oder nur einer Kapitelüberschrift. So würde dann auf dem Lande ein Kapitel heißen ›Abendsonnenschein im Hochwald‹ und in der Stadt ›Die Arbeitslosenunterstützung wird gekürzt‹. Verstehen Sie mich?«
»Nein.«
»Dann hab ich das vielleicht zu kompliziert formuliert, aber ich kann es nicht einfacher. Sie haben mich ja überhaupt erst auf den Gedanken gebracht. Kehren wir lieber zur Stille zurück, zu diesem Begriff. Die Stille, lieber Herr, ist etwas sehr schönes, sie ist ja auch nicht umsonst schon oft besungen worden, von allen Völkern, den schwarzen, den weißen, roten, gelben, und zwar nach allen Regeln der Reimerei. Und zu allen Zeiten, sicherlich bereits knapp nach der Ermordung des Urpapas. Es ist aber natürlich ein großer Unterschied zwischen der Stille der Stadt und des Landes. Erstere ist selbstgewählt mit einem bestimmten Zweck, nämlich zur dichterischen Arbeit, letztere ist ein ›Muß‹, eine Mußstille. Und die Stille verführt zum Träumen und logischerweise zur Romantik, während die städ-

tische Stille nur der Arbeit gewidmet ist, arbeit ich aber mal nicht, so kann ich in der Stadt keine Stille verspüren, es entsteht also statt des Phantasierens das Sehenmüssen, ob mir das nun ganz bewußt wird oder nicht, spielt natürlich keine Rolle.«

»Jetzt versteh ich Sie überhaupt nicht mehr«, sagte mein Bekannter und sah mich mitleidig an. »Reden wir doch wieder deutsch«, bat er mich freundlich und fuhr sogleich fort: »Es ist mir bekannt, daß die Stadt das Zentrum ist, daß die Stadt den Ton angibt und die ländliche Einfalt zwingt, ihren Ton nachzuahmen, wenn sie überhaupt einen Ton haben will. Das Land ist heute kaum entwicklungsfähig, die lebendige Kultur gibt es nur in der Stadt, darüber sind wir uns doch im klaren. Das Schwergewicht verschiebt sich immer mehr zur Industrie. Die künftigen Kulturzentren sind sicherlich die Industrieorte. Das wissen wir doch alle. Das können Sie vor allem genau so auf dem Lande wissen, wie hier in Berlin, Sie können ein Buch darüber lesen, Zeitungen, Radio, Zeitschriften abonnieren, usw. Bei Ihnen kommt es doch nicht so sehr darauf an, ob Sie nun die neueste Nachricht einige Stunden später erfahren, wo Sie doch ewige Werte schaffen wollen.«

»Hm«, sagte ich nachdenklich, »es ist für mich als jungen Dichter, der ewige Werte schaffen will, natürlich gleichgültig, ob ich es drei Stunden früher oder später erfahre, daß sich wieder mal einige Personen infolge wirtschaftlicher Not das Leben genommen haben. Das ist klar, das hat mit dem Schaffen ewiger Werte nichts zu tun. Aber es kommt doch beim Dichten nicht darauf an, daß ich das erfahre, sondern daß ich das selbst sehe. Es kommt doch auf die Nuancen an. So einen Selbstmord sieht doch ein jeder anders, durch ein anderes Temperament. Aber wichtiger als dies, scheint mir folgendes zu sein: es bildet sich ein neues gesellschaftliches Bewußtsein, es ist alles im

Werden begriffen, auch die bisher bekannten Typen der Menschen bilden sich um, es entstehen gewissermaßen ganz neue Mischungen – – sehen Sie: und das können Sie heute auf dem Lande weder fühlen noch sehen, das Land läßt der Stadt den Vortritt, und für mich als jungen Dichter ist dies natürlich kolossal wichtig, die persönlichen Eindrücke von diesem Wandel des Bewußtseins. Sie werden das vielleicht gar nicht so verspüren?«
»Also da haben Sie schon sehr recht! Leben Sie wohl!«
»Auf Wiedersehen!«

# »Sie haben keine Seele«

Wir, das heißt: wir, die sogenannte Nachkriegsgeneration, die wir schreiben, hören es immer wieder: »Ihr habt keine Seele, ihr schreibt aber erschreckend gut, ihr seid kalt.« Nur um mal diesen Blödsinn, dieses Schlagwort endgültig zu erledigen, befasse ich mich mit diesem Ausspruch, denn unserer Generation droht die Gefahr als eine abgestempelt zu werden, was gar nicht stimmt. Ich weiß mich hierin in dieser Abwehr mit allen einig und bitte sie nur um Nachsicht, falls sie in einem oder anderen Punkte einen anderen Sehwinkel gebraucht hätten.
»Sie schreibt erschreckend gut –« Danke. Wir nehmen das zur Kenntnis. Wir wissen es, daß wir präziser uns ausdrücken, als die Vorkriegsquatscher. Wir haben die gefallene Kriegsgeneration, unsere älteren Brüder, ersetzt und gehen weiter. »Es ist fast zu virtuos«, – das ist einfach blöd. Das soll wohl heißen: es ist nur Form ohne Inhalt. Gut.
Wir sind materialistisch geschult.
An die Seele glauben wir nicht, weil wir an das »Opfer« nicht glauben. Diesen letzten Weg trauen sich aber die romantischen Quatschköpf nicht mitzugehen. Sie gehen bis zur Sachlichkeit des Klosetts, besonders wenn das Scheißen seelisch gestaltet ist. Die Seele äußert sich auf dreierlei Art:

1. Ewige Kraft.
2. Das Individuum, was es alles opfern muß, also geht es auf einer anderen Seite hinaus.
3. Liebe zum Nächsten.

Falls wir so schreiben, daß wir kein Gefühl herausbringen können, so soll man es uns sagen: »Ihr schreibt schlecht!«

Alles andere ist eine Feigheit. Eine Feigheit dieser traurigen Burschen, die mit ihren romantischen Plattfüßen in Individualismus wursteln.
Uns freut der Kollektivismus.
Wir können diese Konflikte nur komisch sehen zwischen Individualismus und Kollektivismus.

# [Über Gerhart Hauptmann]

Von Gerhart Hauptmann können wir jungen Bühnenautoren lernen, sonst nichts. Dieses »sonst nichts« ist wahrscheinlich nur ein Zeichen der Jugend.
Sofern wir also bestrebt sind zu lernen, müssen wir sehr glücklich sein, daß wir von Gerhart Hauptmann lernen können.
N. B. in puncto »sonst nichts«: jetzt hätt ich fast vergessen, nämlich das kleine Wort: Dank.

## [Interview]

CRONAUER Herr von Horváth, ich hab also das Vergnügen, Sie im Auftrage des Bayerischen Rundfunks 20 Minuten lang zu interviewen, und hoffe, daß ich in dieser kurzen Zeit sehr viel von Ihnen erfahren kann. Seit Sie durch die Verleihung des Kleistpreises geehrt wurden, sind die Tageszeitungen und literarischen Blätter voll von Meinungen über Sie, und ich glaube fast, daß kein moderner Dramatiker die Herzen und Hirne der Kritik für und wider mehr entflammte als Sie, Herr Horváth. Es wird also ganz interessant sein, von Ihnen selbst einmal wahre Daten und Meinungen zu hören.

HORVÁTH Also meine Meinung können Sie schon hören. Und um Ihnen die erste Frage zu ersparen, erzähle ich Ihnen gleich, wann und wo ich geboren bin und ob ich ein reinrassiger deutscher Schriftsteller bin oder bloß so eine Mischung. Darum bin ich ja schon ixmal gefragt worden und da kommts mir jetzt auch nicht mehr drauf an.

Also wenn man mich fragt, ob ich ein Deutscher bin, so kann ich darauf nur antworten: ich fühle mich als ein Mensch, der sich unter allen Umständen zum deutschen Kulturkreis zählt – und warum ich mich zum deutschen Kulturkreis gehörend betrachte, liegt wohl vor allem daran, daß meine Muttersprache die deutsche ist. Und dies dürfte meiner Meinung nach der ausschlaggebende Grund sein. Dann erst folgt die Tatsache, daß ich entscheidende Entwicklungsjahre in Deutschland, und zwar in Südbayern und in Österreich, verlebt habe. Mein Name ist zwar rein ungarisch – und ich habe auch ungarisches Blut in mir, auch tschechisches und kroatisches – ich bin also eine typische österreich-ungarische

Angelegenheit. Aber ich glaube in meinem persönlichen Interesse, daß die Produkte derartiger Rassenmischungen nicht unbedingt die schlechtesten sein müssen. – Es gibt bekanntlich solche Rassengemischte, die spätere Zeiten dann – und mit Recht – als die echtesten und größten Repräsentanten deutschen Wesens bezeichnet haben.

CRONAUER Zum Beispiel Nietzsche.

HORVÁTH Ja, das war zum Beispiel ein halber Pole. Und der Kunstmaler und Dichter Albrecht Dürer ist ein halber Ungar gewesen. Bekanntlich hieß sein Vater Ajtosi, was zu Deutsch soviel heißt wie Türer. Atjo heißt Türe. – Aber lassen Sie mich von diesen historischen Höhen wieder zu mir heruntersteigen – ich möchte noch folgendes sagen: immer wieder lese ich in Artikeln, daß ich ein ungarischer Schriftsteller bin. Das ist natürlich grundfalsch. Ich habe noch nie in meinem Leben – außer in der Schule – irgendetwas ungarisch geschrieben, sondern immer nur deutsch. Ich bin also ein deutscher Schriftsteller.

CRONAUER Von Ihrer deutschen, ja absolut süddeutschen Art wird wohl jeder, der Ihre Arbeiten genauer kennt, überzeugt sein, auch wenn Sie nicht gerade deutscher Staatsbürger sind. Vielleicht darf ich Sie nun doch bitten – in Ergänzung des vorigen – uns zu sagen, wo Sie geboren sind?

HORVÁTH Wenn Sie sich also mit einem Teil meines Privatlebens schon beschäftigen wollen, so gebe ich Ihnen gerne Auskunft. – Also: geboren bin ich in Fiume am Adriatischen Meer, und zwar vor dreißig Jahren. Während ich mutierte, kam ich als Dreizehnjähriger, ich hab schon früh mutiert, nach München, wo ich am Wilhelmsgymnasium und am Realgymnasium tätig war.

CRONAUER Erfolgreich?

HORVÁTH Na – mehr oder minder. Mehr minder.

CRONAUER Das war in den ersten Kriegsjahren.

HORVÁTH Ja, während ich da tätig war, brach der Weltkrieg aus. Wenn ich daran zurückdenke, so muß ich sagen, daß ich heute das Gefühl habe, als könnte ich mich an die Zeit vor dem Weltkrieg nicht mehr erinnern. Ich muß mich schon ziemlich anstrengen, damit mir aus dieser Friedenszeit wieder etwas einfällt, und ich glaube, so ähnlich wird es Ihnen und wohl allen unseren Altersgenossen gehen?

CRONAUER Ja – da muß ich Ihnen vollkommen beistimmen.

HORVÁTH Der Weltkrieg verdunkelt unsere Jugend und wir haben wohl kaum Kindheitserinnerungen. Aber ich denke, wir wollen über diese vergangenen Jahre nicht weiter reden.

CRONAUER Ja – übergehen wir diese Zeit und kommen wir lieber auf die schönen Künste zu sprechen. Wollen Sie uns nicht sagen, Herr Horváth, wie Sie eigentlich Schriftsteller geworden sind?

HORVÁTH Auf eine sehr komische Art und auf einen sogenannten inneren Drang hin.

CRONAUER Sie hatten doch sicher schon sehr früh die Absicht, unter die »Literaten« zu gehen?

HORVÁTH Ja – und auch nein. – Das kam nämlich ungefähr so: Ich besuchte 1920 in München die Universität und hatte, wie man so zu sagen pflegt, Interesse an der Kunst, hatte mich selber aber in keiner Weise noch irgendwie künstlerisch betätigt – nach außen hin – innerlich, mit dem Gedanken schon, da sagte ich mir: Du könntest doch eigentlich Schriftsteller werden, du gehst doch z. B. gern ins Theater, hast bereits allerhand erlebt, du widersprichst gern, fast dauernd, und dieser eigentümliche Drang, das was man so sieht und erlebt und vor allem: was man sich einbildet, daß es die Anderen erleben, niederzuschreiben, den hast du auch – und dann weißt du auch, daß man nie Konzessionen machen darf und daß es dir immer schon gleichgültig war, was die Leute über dich geredet haben – und so hatte ich eigentlich schon auch das, was pathetische Naturen als die »Erkenntnis einer dichterischen Mission« bezeichnen. Durch einen Zufall lernte ich hier in München eines Abends den Komponisten Siegfried Kallenberg kennen. 1920. Kallenberg wandte sich an jenem Abend plötzlich an mich mit der Frage, ob ich ihm nicht eine Pantomime schreiben wolle. – Ich war natürlich ziemlich verdutzt, weil ich es mir gar nicht vorstellen konnte, wieso er mit diesem Anliegen ausgerechnet an mich herantritt – ich war doch gar kein Schriftsteller und hatte noch nie in meinem Leben irgend etwas geschrieben. Er muß mich wohl verwechselt haben, dachte ich mir – und ursprünglich wollte ich ihn auch aufklären, dann aber überlegte ich es mir doch anders: warum sollte ich es nicht einmal probieren, eine Pantomime zu schreiben. Ich sagte zu, setzte mich hin und schrieb die Pantomime. Die wurde dann auch später aufgeführt. Die erste Kritik, die ich über mein dichterisches Schaffen erhalten habe – ich glaube, daß Sie die interessiert? –

CRONAUER Gewiß.

HORVÁTH Sie war nämlich vernichtend und begann mit folgenden Worten: »Es ist eine Schmach« und dergleichen. Aber ich nahm mir das weiter nicht sehr zu Herzen.

CRONAUER Und widmeten sich dann ganz der Dichtkunst?

HORVÁTH Ah! – Ich versuchte es noch mit allerhand mehr

oder minder bürgerlichen Berufen – aber es wurde nie etwas Richtiges daraus – anscheinend war ich doch zum Schriftsteller geboren. –

CRONAUER Nun darf ich Sie wohl bitten, uns gleich etwas über Ihre weiteren Arbeiten zu sagen. Ihr erstes Stück: »Die Bergbahn«, das einen Vorfall beim Bau der Zugspitzbahn dramatisch behandelt, machte Sie zuerst als Dramatiker bekannt?

HORVÁTH Ja – das Stück hat zum Inhalt den Kampf zwischen Kapital und Arbeitskraft. Zwischen den beiden Parteien steht ein Ingenieur, und durch ihn ist die Stellung der sogenannten Intelligenz im Produktionsprozeß charakterisiert.

CRONAUER Sie bezeichneten »Die Bergbahn« – wie ja später alle Ihre Dichtungen – als ein Volksstück. Fast ist ja uns heutigen Menschen der Charakter des »Volksstückes« gänzlich verlorengegangen – es dürfte also von besonderem Interesse sein, von Ihnen, Herr Horváth – den namhafte Kritiker den Erneuerer des Volksstückes nannten –, Ihre Beweggründe, die Sie zu dieser Bezeichnung führten, kennenzulernen.

HORVÁTH Ich gebrauchte diese Bezeichnung »Volksstück« nicht willkürlich, d. h. nicht einfach deshalb, weil meine Stücke mehr oder minder bayerisch oder österreichisch betonte Dialektstücke sind, sondern weil mir so etwas ähnliches, wie die Fortsetzung des alten Volksstückes vorschwebte. – Des alten Volksstückes, das für uns junge Menschen mehr oder minder natürlich auch nur noch einen historischen Wert bedeutet, denn die Gestalten dieser Volksstücke, also die Träger der Handlung haben sich doch in den letzten zwei Jahrzehnten ganz unglaublich verändert. – Sie werden mir nun vielleicht entgegenhalten, daß die sogenannten ewig-menschlichen Probleme des guten alten Volksstückes auch heute noch die Menschen bewegen. – Gewiß bewegen sie sie – aber anders. Es gibt eine ganze Anzahl ewig-menschlicher Probleme, über die unsere Großeltern geweint haben und über die wir heute lachen – oder umgekehrt. Will man also das alte Volksstück heute fortsetzen, so wird man natürlich heutige Menschen aus dem Volke – und zwar aus den maßgebenden, für unsere Zeit bezeichnenden Schichten des Volkes auf die Bühne bringen. Also: zu einem heutigen Volksstück gehören heutige Menschen, und mit dieser Feststellung gelangt man zu einem interessanten Resultat: nämlich, will man als Autor wahrhaft gestalten, so muß man der völligen Zersetzung der Dialekte durch den Bildungsjargon Rechnung tragen.

CRONAUER Ja – der heutige Mensch ist natürlich ein anderer als der verflossener Jahrzehnte – seine Sprache, seine Leidenschaften und seine Weltanschauung haben sich geändert.

HORVÁTH Natürlich. Und um einen heutigen Menschen realistisch schildern zu können, muß ich ihn also dementsprechend reden lassen. Nun hab ich zu meinen Gestalten, wie aber natürlich auch zu jeder Handlung, in puncto ihrer Möglichkeit, sich zu 100% als soziale Wesen zu entwickeln und nicht nur zu etablieren, keine positive, eher eine skeptische Einstellung, und dies glaube ich damit am besten zu treffen, indem ich eine Synthese von Ernst und Ironie gebe. Aus dieser Erkenntnis zog ich die Konsequenz. Mit vollem Bewußtsein zerstörte ich das alte Volksstück, formal und ethisch – und versuchte als dramatischer Chronist die neue Form des Volksstückes zu finden. –

CRONAUER Ist diese »neue Form« des Volksstückes in dem bei Ihren Dichtungen doch besonders hervortretenden epischen Charakter zu suchen?

HORVÁTH Ja. Diese neue Form ist mehr eine schildernde als eine dramatische. Sie knüpft formal mehr an die Tradition der Volkssänger und Volkskomiker an als an die Autoren der früheren Volksstücke –

CRONAUER Volksstücke. Und haben dabei einen starken satirischen Charakter.

HORVÁTH Ja, ich stehe zur Satire absolut positiv. Ich kann garnicht anders.

CRONAUER Damit wären wir bei einem heiklen Thema angelangt – Sie wissen ja, daß man uns Jungen gerade unsere positive Stellung zu Satire und Ironie zum starken Vorwurf macht – als einen Mangel an Anteilnahme, an Bewunderung und an Ehrfurcht auslegt. Und es ist doch in Wirklichkeit gerade das Gegenteil. Es ist weiß Gott keine Überhebung, der wir uns schuldig machen – wir sehen darin eine Welt- und Lebensanschauung und letzten Endes eine uns führende und weisende Selbstkritik. – Aber das wird uns heute eben noch nicht zuerkannt, man mißversteht unsere kämpferischen Absichten, bestreitet unsere Ehrlichkeit und versagt uns, die unserem Schaffen so notwendige Anteilnahme und Anerkennung. Man macht es uns doppelt schwer – man isoliert uns und wendet in der großen Öffentlichkeit den Blick fast ausschließlich auf vergangene Zeiten. Vor lauter Geburtstags-, Jahrestags- und Todestagsgedenkfeiern übersieht man, daß es eine nach neuen Formen und Idealen strebende Jugend gibt. – – Aber daß wir von unserem Thema nicht abgehen, es würde auch zu weit führen –

HORVÁTH Da habens schon sehr recht, Herr Cronauer, und ich erkläre es mir auch so, daß meine Stücke bei einem Teil der Presse oft eine ziemliche Erregung auslösten – Persönlich ist mir das ziemlich schleierhaft. Man wirft mir vor, ich sei zu derb, zu ekelhaft, zu unheimlich, zu zynisch und was es dergleichen noch an soliden, gediegenen Eigenschaften gibt – und man übersieht dabei, daß ich doch kein anderes Bestreben habe, als die Welt so zu schildern, wie sie halt leider ist. – Und daß das gute Prinzip auf der Welt den Ton angibt, wird man wohl kaum beweisen können – behaupten schon. – Der Widerwille eines Teiles des Publikums beruht wohl darauf, daß dieser Teil sich in den Personen auf der Bühne selbst erkennt – und es gibt natürlich Menschen, die über sich selbst nicht lachen können – und besonders nicht über mehr oder minder bewußtes, höchst privates Triebleben.

CRONAUER Ich glaube auch, daß es daran liegt, daß die meisten Menschen nicht aus der Erkenntnis heraus lachen und damit verstehen können. – Sie lachen lieber über einen blöden Witz – bei dem man sich weiter nichts denken braucht und der sie auch »persönlich« nichts angeht. –

HORVÁTH Jawohl.

CRONAUER Ihre Stellung zur Parodie würde mich noch interessieren, Herr Horváth.

HORVÁTH Die Parodie lehne ich als dramatische Form ab. Parodie hat meines Erachtens mit Dichtung garnichts zu tun und ist ganz billiges Unterhaltungsmittel.

CRONAUER Nun, Herr Horváth, lassen Sie uns auf unser gemeinsames Steckenpferd, auf das Theater zu sprechen kommen. – Es ist uns ja leider nicht die Zeit gegeben, über die werdende neue Form des Theaters zu sprechen – aber vielleicht wird uns einmal hierzu Gelegenheit gegeben – denn ich bin überzeugt, daß Sie – und auch ich – gerne hierüber plaudern würden – und es gäb da ja unendlich viel zu sagen: über das neue Drama, über das chorische Drama – den neuen Schauspieler – und Sprecher, über Regie und auch über neue Theaterführung, über den Mut zum Kämpferischen und Neuen, zur Heranbildung eines Publikums und dessen kritischer Presse. – In unserer Begeisterung und in unserem bestimmten Wissen um die kulturelle Bedeutung und Aufgabe des Theaters treffen wir uns wohl im Glauben an dessen Fortbestand. Im Glauben an seine innere Entwicklung und der Überwindung aller äußeren Nöte?

HORVÁTH Sicherlich. – Und wenn man auch heutzutage – und zwar sehr ernstlich – über den Untergang des Theaters spricht. Natürlich geht es den Theatern wirtschaftlich miserabel – aber wem geht es heut nicht so? – Es ist schon möglich oder es ist sogar sicher, daß viele Theater zugrunde gehen – aber dann werden eben dafür Liebhaberbühnen erstehen –

CRONAUER – die – wenn ich Sie unterbrechen darf – sicher nicht unkünstlerischer, dabei aber großzügiger und weniger geschäftstüchtig arbeiten werden.

HORVÁTH Das ist anzunehmen. Das Theater als Kunstform kann nicht untergehen, aus dem einfachen Grunde, weil die Menschen es brauchen. Für mich ist das eine selbstverständliche, bestehende Tatsache. Es phantasiert also für den Zuschauer, und gleichzeitig läßt es ihn auch die Produkte dieser Phantasie erleben. Es ist Ihnen vielleicht schon aufgefallen, daß fast alle Stücke irgend ein kriminelles Moment aufweisen – ja: daß die weitaus überragende Zahl aller Dramenhelden bis zu den Statisten sich irgend eines Verbrechens schuldig machen, also eigentlich keine ausgesprochenen Ehrenmänner sind. Es ist doch eine sonderbare Tatsache, daß sich Leute einen Platz kaufen und ins Theater gehen und sich schön anziehen und parfümieren, um dann auf der Bühne mehr oder minder ehrenrührigen Dingen zu lauschen oder zuzuschauen, wie einer oder auch zwei umgebracht werden, – und hernach das Theater verlassen und zwar in einer weihevollen Stimmung, ethisch erregt. Was geht da in dem einzelnen Zuschauer vor? Folgendes: seine scheinbare Antipathie gegen die kriminellen Geschehnisse auf der Bühne ist keine wahre Empörung, sondern eigentlich ein Mitmachen, ein Miterleben und durch dieses Miterleben ausgelöste Befriedigung asozialer Triebe. Der Zuschauer ist also gewissermaßen über sich selbst empört. Man nennt diesen Zustand Erbauung.

CRONAUER Es wäre nur zu wünschen, daß diese Erbauung, die das Theater doch geben soll, auch den breiten Volksschichten, die ja heute kaum mehr ins Theater gehen – zuteil werden möge.

HORVÁTH Daß das Interesse am Theater im breiten Volke nachgelassen hat, liegt wohl auch daran, daß wir kein richtiges, echtes Volkstheater mehr haben – aber auf dem Wege zu ihm sind wir. Meiner Meinung nach.

CRONAUER Aus psychologischen Gründen spreche ich eigentlich grundsätzlich nie über die sozialen und wirtschaftlichen Nöte unserer Zeit – aber glauben Sie nicht auch, daß viele Theaterfreunde – gerade aus dem Volke – wegen Geldmangel einfach nicht ins Theater gehen können?

HORVÁTH Natürlich leiden die Bühnen sehr unter der wirtschaftlichen Krise – obgleich es andererseits zu denken gibt, daß die Kinos teilweise sogar sehr gut besucht sind – es liegt aber auch woanders, und hier hätte ich einen kleinen praktischen Vorschlag: Abschaffung der Garderobe und des gesellschaftlichen Kleidungszwanges. Viele, viele Menschen gehen nicht ins Theater, weil sie keinen schönen Anzug haben – könnten sie ihren Mantel anbehalten oder in ihrem Werktagskleide bleiben, wären die Theater sicher besuchter. – Und es kommt ja nicht auf die vielen schönen Garderoben an, sondern auf die Menschen und die Köpfe die im Zuschauerraum sitzen.

CRONAUER Das ist ein sehr beachtenswerter Vorschlag, und ich bin überzeugt – auch aus persönlicher Erfahrung – daß mit seiner Durchführung schon eine große Anzahl des verlorengegangenen Publikums zurückzugewinnen wäre. Nun sehe ich aber leider, daß die vorgeschrittene Zeit es mir nicht mehr erlaubt, Ihnen noch verschiedene Fragen vorzulegen. Ich muß unser Zwiegespräch beenden, und ich hoffe nur, daß die Zuhörer des Bayerischen Senders den gleichen Gewinn wie ich aus Ihren Äußerungen und Anregungen gezogen haben. Ich danke Ihnen.

HORVÁTH Ganz meinerseits.

## [Wenn sich jemand bei mir erkundigt . . .]

Wenn sich jemand bei mir erkundigt, ob ich ein Deutscher bin, so kann ich ihm darauf nur antworten: ich fühle mich als ein Individuum, das sich unbedingt zum deutschen Kulturkreis zählt -- also bin ich sozusagen Deutscher. Warum ich mich zum deutschen Kulturkreis gehörend betrachte, liegt wohl vor allem daran, daß meine Muttersprache die deutsche ist. Und dies dürfte meiner Meinung nach der ausschlaggebende Grund sein – dann folgt erst die Tatsache, daß ich entscheidende Entwicklungsjahre in Deutschland, und zwar in Südbayern und in Österreich verlebt habe.

Mein Name ist zwar rein ungarisch -- und ich habe auch ungarisches Blut in mir, auch tschechisches und kroatisches -- ich bin also eine typische österreich-ungarische Mischung. Und soweit ich das beurteilen kann, Anwesende natürlich immer ausgenommen, und zwar jetzt in diesem Falle ich höchstpersönlich sind die Produkte derartiger Rassenmischungen nicht gerade die Schlechtesten. Ich verweise nur auf einen der echtesten und größten Repräsentanten deutschen Wesens, nämlich auf den Kunstmaler Albrecht Dürer aus Nürnberg, der ja auch ein halber Ungar gewesen ist -- sein Vater bekanntlich hieß ja noch Ajtosi, was zu deutsch soviel heißt, wie Türer. Ajto heißt Türe.

Um aber jetzt noch etwas betonen zu können, muß ich von diesen historischen Höhen wieder auf meine derzeit lebende Person herabsteigen -- ich möchte nämlich nur folgendes noch betonen: immer wieder lese ich in Artikeln, daß ich ein ungarischer Schriftsteller bin. Das ist natürlich grundfalsch. Ich habe noch nie in meinem Leben -- außer in der Schule -- irgendetwas ungarisch ge-

schrieben, sondern immer nur deutsch. Ich bin also ein deutscher Schriftsteller, wenn das auch einigen Herrschaften unangenehm zu sein scheint.
Sie fragen mich, wo ich geboren bin und wo ich aufgewachsen bin -- Wenn Sie sich also unbedingt mit einem Teile meines privaten Lebens beschäftigen wollen, so gebe ich Ihnen gerne Auskunft. Ich bin ja gar nicht so. Also: geboren bin ich in Fiume am adriatischen Meer, und zwar vor dreißig Jahren. Von meinem ersten bis zu meinem fünften Lebensjahr gedieh ich sichtlich in Belgrad. Dann kam ich in die Volksschule, und zwar in Budapest. Hier war ich auch in der Mittelschule tätig, so bis zu meinem dreizehnten Lebensjahre -- dann kam ich nach München, zuerst ins Wilhelmsgymnasium, dann in das Realgymnasium. Dann war ich zwei Jahre lang in Preßburg, ein Jahr wieder in Budapest und das letzte Jahr in Wien.
Während meiner münchner Schulzeit brach der Weltkrieg aus. Wenn ich heute daran zurückdenke, so muß ich wohl sagen, daß ich heute das Gefühl habe, als könnte ich mich an die Zeit vor dem Weltkrieg nicht mehr erinnern. Ich muß mich schon ziemlich anstrengen, damit mir etwas aus dieser Friedenszeit wiedereinfällt – und ich glaube so ähnlich wird es wohl allen meinen Altersgenossen gehen. Der Weltkrieg verdunkelte unsere Jugend und wir haben wohl kaum Kindheitserinnerungen. Schließlich ist ja so ein Weltkrieg auch nichts alltägliches.
Ganz am Anfang gefiel uns Buben der Weltkrieg ganz ausgezeichnet. Wir hatten viele schulfreie Tage, und es gab immer wieder eine Sensation -- deren fürchterliche Ursachen und Auswirkungen wir damals natürlich weder erfassen konnten noch sollten. Wir waren alle sehr begeistert und es tat uns außerordentlich leid, daß wir nicht um fünf bis sechs Jahre älter waren -- dann hätten wir nämlich sofort hinauskönnen in das Feld. Natürlich

spielte bei dieser Begeisterung auch der Gedanke an ein Zeugnis ohne Prüfungen eine nicht zu unterschätzende Rolle. -- Aber ich denke, wir wollen nun über diese grauenvollen Jahre, 1914-1918, nicht weiter reden -- es ist ja allgemein bekannt, welch herrliche Zeiten uns der Weltkrieg beschert hat. Reden wir doch lieber über die schönen Künste, fragen Sie mich doch bitte mal, wieso ich Schriftsteller geworden bin -- das ist nämlich eine lustige Angelegenheit.

Also: 1920 lernte ich hier in München in einer Gesellschaft den Komponisten Siegfried Kallenberg kennen. Ich besuchte damals die Universität und hatte, wie man so zu sagen pflegt, Interesse an der Kunst. Hatte mich selber aber in keiner Weise noch irgendwie künstlerisch betätigt -- höchstens, daß ich mich mit dem Gedanken beschäftigt habe, Du könntest doch eigentlich Schriftsteller werden, Du gehst doch zum Beispiel gern ins Theater, hast bereits allerhand erlebt, widersprichst gern und oft, und manchmal hast Du doch so einen eigentümlichen Drang in Dir, auch etwas zu schreiben -- ein Theaterstück zum Beispiel, oder eine Novelle oder gar einen Roman -- und dann weißt Du es doch auch, daß Du nie Konzessionen machen darfst und daß es Dir eigentlich gleichgültig ist, was die Leut über Dich reden -- -- Pathetische Naturen fassen all diese Erkenntnisse unter dem schönen Namen »dichterische Mission« zusammen.

Nun, um also auf meinen Freund Kallenberg zurückzukommen: Kallenberg wandte sich an jenem Abend plötzlich an mich mit der Frage: »Wollen Sie mir eine Pantomime schreiben?« Ich war natürlich ziemlich verdutzt, weil ich es mir garnicht vorstellen konnte, wieso er mit diesem Anliegen ausgerechnet an mich herantritt -- ich war doch gar kein Schriftsteller und hatte noch nie in meinem Leben irgendetwas geschrieben. Er muß mich

verwechseln, dachte ich mir – – und ursprünglich wollte ich ihn auch aufklären. Dann aber durchzuckte mich blitzschnell (wie man so sagt) der Gedanke, warum sollst Du es denn nicht einmal probieren, eine Pantomime zu schreiben? Ich sagte Kallenberg: Ja – – setzte mich hin und schrieb die Pantomime. Die wurde dann später auch aufgeführt. Die erste Kritik, die ich über mein dichterisches Schaffen erhalten habe, begann mit folgenden Worten: »Es ist eine Schmach – – usw«.
Aber ich nahm mir das nicht sehr zu Herzen, sondern fing nun an, draufloszuschreiben. Natürlich versuchte ich es noch mit allerhand mehr oder minder bürgerlichen Berufen, aber es wurde nichts daraus – – anscheinend war ich zum Schriftsteller geboren.

Mein erstes Stück heißt »Die Bergbahn«. Das Stück hat zum Inhalt den Kampf zwischen Kapital und Arbeitskraft, mit besonderer Berücksichtigung der Stellung der sogenannten Intelligenz im Produktionsprozeß. Es wurde im Herbst 1927 in Hamburg, an den dortigen Kammerspielen uraufgeführt – – erst 1929 im Januar in Berlin, an der Volksbühne.
Ich bezeichnete die »Bergbahn« (wie auch dann alle meine folgenden Stücke) als ein Volksstück. Die Bezeichnung »Volksstück« war bis dahin in der modernen dramatischen Produktion nicht gebräuchlich. Natürlich gebrauchte ich diese Bezeichnung nicht willkürlich, das heißt: nicht einfach nur deshalb, weil das Stück ein bayerisches Dialektstück ist, sondern weil mir so etwas Ähnliches, wie Fortsetzung des alten Volksstückes, das für uns junge Menschen mehr oder minder natürlich auch nur noch einen historischen Wert bedeutet. Denn die Gestalten dieser Volksstücke, also die Träger der Handlung, haben sich doch bekanntlich in den letzten zwei Jahrzehn-

ten ganz unglaublich verändert. Sie werden mir nun vielleicht entgegnen, daß die sogenannten ewig-menschlichen Probleme des guten alten Volksstückes, auch heute noch die Menschen bewegen. Gewiß bewegen sie sie, aber anders. Es gibt eine ganze Anzahl ewig-menschlicher Probleme, über die unsere Großeltern geweint haben, und über die wir heute lachen, und umgekehrt.
Will man also das alte Volksstück heute fortsetzen, so wird man natürlich heutige Menschen aus dem Volke (wie der schöne feudale Ausdruck lautet) auf die Bühne bringen -- also: Kleinbürger und Proletarier. Ich übergehe hier absichtlich den Bauernstand, denn auch der Bauernstand zerfällt ja in Kleinbürger und Proletarier.
Also: zu einem heutigen Volksstück gehören heutige Menschen -- und mit dieser Feststellung gelangt man zu einem interessanten Resultat: nämlich, will man als Autor wahrhaft gestalten, so kann man an der völligen Zersetzung der Volksstücksprache durch den Bildungsjargon nicht vorübergehen. Der Bildungsjargon (und seine Ursache) fordert aber zu Kritik heraus -- und so muß der Dialog des neuen Volksstückes zu einer Synthese von Ernst und Ironie werden.
Aus dieser Erkenntnis zog ich die Konsequenz -- ich schrieb bisher vier Volksstücke -- besagte »Bergbahn«, dann ein Stück aus der Inflationszeit, dann »Italienische Nacht« und »Geschichten aus dem Wiener Wald«. Mit vollem Bewußtsein zerstörte ich das alte Volksstück, formal und ethisch -- und versuchte als dramatischer Chronist mehr die neue Form des Volksstückes zu finden. Diese neue Form dürfte weniger dramatisch sein -- sie ist mehr schildernd. Sie knüpft mehr an die Tradition der Volkssänger und Volkskomiker an, als an die Autoren der früheren Volksstücke.

Bei den Kritikern und dem Publikum lösten meine Stücke bisher immer eine ziemliche Erregung aus -- (so konnte die »Italienische Nacht« in Berlin nur unter Polizeischutz uraufgeführt werden) -- Diese Erregung ist mir persönlich ziemlich schleierhaft. Man wirft mir oft vor, ich sei zu derb, zu ekelhaft, zu unheimlich, zu zynisch und was es dergleichen noch an schönen Wörtern gibt -- man übersieht aber dabei, daß ich doch kein anderes Bestreben habe, als die Welt so zu schildern, wie sie leider ist. Daß auf der Welt das gute Prinzip den Ton angibt, wird man doch wohl kaum beweisen können. Behaupten schon.
Der Widerwille eines Teiles des Publikums gegen meine Stücke beruht wohl darauf, daß dieser Teil sich in den Personen auf der Bühne selbst erkennt. Und zwar nicht als festumrissener Typus, sondern in ihrem mehr oder minder bewußten privaten alltäglichen Gefühlsleben.

Zu Satire und Karikatur stehe ich sehr positiv -- nur die Parodie, die lehne ich radikal ab. Parodie dürfte wohl das billigste sein.

Man spricht heutzutage viel über den Untergang des Theaters -- und natürlich geht es den Theatern wirtschaftlich miserabel. Aber wem geht es heutzutage nicht wirtschaftlich miserabel? Es ist schon möglich, daß alle Theater zugrunde gehen -- aber dann werden eben Vereine und Liebhaberbühnen weiterspielen. Das Theater als Kunstform kann nicht untergehen -- aus dem einfachen Grunde, weil die Menschen (sofern sie es sich nur einigermaßen materiell leisten können) das Theater brauchen. (Theater oder Kino ist jetzt für mich das gleiche -- ich sage nun kurz nur: Theater.) Das Theater ist nämlich diejenige Kunstform, die am stärksten für das Publikum phantasiert. Phantasie ist ein Ventil für asoziale Regungen

– – das Theater nimmt dem Zuschauer das Phantasieren-müssen ab, es phantasiert für ihn – – und gleichzeitig erlebt es auch der Zuschauer die Produkte dieser Phantasie. Er lebt mit, das heißt vor allem: er begeht alle Schandtaten, die auf der Bühne vor sich gehen – und verläßt dann das Theater als ein kleinerer Mörder, Räuber, Ehebrecher – – – – Man nennt diesen Zustand Erhebung.

Natürlich leiden die Theater sehr unter der wirtschaftlichen Krise – – und ich hätte hier einige kleine praktische Vorschläge: Abschaffung des Programmzettels, Abschaffung der Garderobe – – nicht wegen der Gebühr – – sondern, weil viele viele Menschen nicht ins Theater gehen, da sie keinen schönen Anzug mehr haben. Könnten die in ihren Mänteln sitzen, wie im Kino, wären die Theater sicher besuchter.

Natürlich hat das Interesse am Theater auch aus sportlichen Gründen nachgelassen – – aber nicht zu guter Letzt, weil wir kein richtiges, echtes, im guten Sinne des Wortes bodenständiges Volkstheater mehr haben. Daß wir es nicht haben, daran sind alle Instanzen schuld (sofern man bei so einer Frage überhaupt die Schuldfrage stellen will).

Daß ich den Kleistpreis bekommen habe, habe ich aus der Zeitung erfahren. Erst einige Tage später bekam ich die offizielle Mitteilung vom Vorsitzenden der Kleist-Stiftung, Fritz Engel.
Ein Teil der Presse begrüßte diese Preisverteilung lebhaft, ein anderer Teil wieder zersprang schier vor Wut und Haß. Das sind natürlich Selbstverständlichkeiten. Nur möchte ich hier auch betonen, daß auch im literarischen Kampfe, bei literarischen Auseinandersetzungen von einer gewissen Presse in einem Tone dahergeschrieben

wird, den man nichts anders als Sauherdenton bezeichnen kann.

Nun möchte ich nur noch dem Bayerischen Rundfunk danken, daß er mir Gelegenheit gegeben hat, mich hier zu äußern. Und vielleicht war es für manchen auch ganz interessant, mal einen Dramatiker über das Drama und über Theaterfragen zu hören –– und nicht nur immer Kritiker.

## Gebrauchsanweisung

> Das dramatische Grundmotiv aller meiner Stücke ist der ewige Kampf zwischen Bewußtsein und Unterbewußtsein.

Ich hatte mich bis heute immer heftig dagegen gesträubt, mich in irgendeiner Form über meine Stücke zu äußern -- nämlich ich bin so naiv gewesen, und bildete es mir ein, daß man (Ausnahmen bestätigen leider die Regel) meine Stücke auch ohne Gebrauchsanweisung verstehen wird. Heute gebe ich es unumwunden zu, daß dies ein grober Irrtum gewesen ist, daß ich gezwungen werde, eine Gebrauchsanweisung zu schreiben.
Erstens bin ich daran schuld, denn: ich dachte, daß viele Stellen, die doch nur eindeutig zu verstehen sind, verstanden werden müßten, dies ist falsch -- es ist mir öfters nicht restlos gelungen, die von mir angestrebte Synthese zwischen Ironie und Realismus zu gestalten. Zweitens: es liegt an den Aufführungen -- alle meine Stücke sind bisher nicht richtig im Stil gespielt worden, wodurch eine Unzahl von Mißverständnissen naturnotwendig entstehen mußte. Daran ist niemand vom Theater schuld, kein Regisseur und kein Schauspieler, dies möchte ich ganz besonders betonen -- sondern nur ich allein bin schuld. Denn ich überließ die Aufführung ganz den zuständigen Stellen -- aber nun sehe ich klar, nun weiß ich es genau, wie meine Stücke gespielt werden müssen.
Drittens liegt die Schuld am Publikum, denn: es hat sich leider entwöhnt auf das Wort im Drama zu achten, es sieht oft nur die Handlung -- es sieht wohl die dramatische Handlung, aber den dramatischen Dialog hört es nicht mehr. Jedermann kann bitte meine Stücke nachlesen: es ist

keine einzige Szene in ihnen, die nicht dramatisch wäre – – unter dramatisch verstehe ich nach wie vor den Zusammenstoß zweier Temperamente – – die Wandlungen usw. In jeder Dialogszene wandelt sich eine Person. Bitte nachlesen! Daß dies bisher nicht herausgekommen ist, liegt an den Aufführungen. Aber auch an dem Publikum.

Denn letzten Endes ist ja das Wesen der Synthese aus Ernst und Ironie die Demaskierung des Bewußtseins. Sie erinnern sich vielleicht an einen Satz in meiner »Italienischen Nacht«, der da lautet: »Sie sehen sich alle so fad gleich und werden gern so eingebildet selbstsicher.« Das ist mein Dialog.

Aus all dem geht es schon hervor, daß Parodie nicht mein Ziel sein kann – – es wird mir oft Parodie vorgeworfen, das stimmt aber natürlich in keiner Weise. Ich hasse die Parodie! Satire und Karikatur – – ab und zu ja. Aber die satirischen und karikaturistischen Stellen in meinen Stücken kann man an den fünf Fingern herzählen – – Ich bin kein Satiriker, meine Herrschaften, ich habe kein anderes Ziel, als wie dies: Demaskierung des Bewußtseins.

Keine Demaskierung eines Menschen, einer Stadt – – das wäre ja furchtbar billig! Keine Demaskierung auch des Süddeutschen natürlich – – ich schreibe ja auch nur deshalb süddeutsch, weil ich anders nicht schreiben kann.

Diese Demaskierung betreibe ich aus zwei Gründen: erstens, weil sie mir Spaß macht – – zweitens, weil infolge meiner Erkenntnisse über das Wesen des Theaters, über seine Aufgabe und zu guter Letzt Aufgabe jeder Kunst ist folgendes – – (und das dürfte sich nun schon allmählich herumgesprochen haben) – – die Leute gehen ins Theater, um sich zu unterhalten, um sich zu erheben, um eventuell weinen zu können, oder um irgendetwas zu erfahren. Es gibt also Unterhaltungstheater, ästhetische Theater und

pädagogische Theater. Alle zusammen haben eines gemeinsam: sie nehmen dem Menschen in einem derartigen Maße das Phantasieren ab, wie kaum eine andere Kunst -- Die Phantasie ist bekanntlich ein Ventil für Wünsche -- bei näherer Betrachtung werden es wohl asoziale Triebe sein, noch dazu meist höchst primitive. Im Theater findet also der Besucher zugleich das Ventil wie auch Befriedigung (durch das Erlebnis) seiner asozialen Triebe.
Es wird ein Kommunist auf der Bühne ermordet, in feiger Weise von einer Überzahl von Bestien. Die kommunistischen Zuschauer sind voll Haß und Erbitterung gegen die Weißen -- sie leben aber eigentlich das mit und morden mit und die Erbitterung und der Haß steigert sich, weil er sich gegen die eigenen asozialen Wünsche richtet. Beweis: es ist doch eigenartig, daß Leute ins Theater gehen, um zu sehen, wie ein (anständiger) Mensch umgebracht wird, der ihnen gesinnungsgemäß nahe steht -- und dafür Eintritt bezahlen und hernach in einer gehobenen weihevollen Stimmung das Theater verlassen. Was geht denn da vor, wenn nicht ein durchs Miterleben mitgemachter Mord? Die Leute gehen aus dem Theater mit weniger asozialen Regungen heraus, wie hinein. (Unter asozial verstehe ich Triebe, die auf einer kriminellen Basis beruhen -- und nicht etwa Bewegungen, die gegen eine Gesellschaftsform gerichtet sind -- ich betone das extra, so ängstlich bin ich schon geworden, durch die vielen Mißverständnisse).
Dies ist eine vornehme pädagogische Aufgabe des Theaters. Und das Theater wird nicht untergehen, denn die Menschen werden in diesen Punkten immer lernen wollen -- ja je stärker der Kollektivismus wird, umso größer wird die Phantasie. Solange man um den Kollektivismus kämpft, natürlich noch nicht, aber dann -- ich denke manchmal schon an die Zeit, die man mit proletarischer

Romantik bezeichnen wird. (Ich bin überzeugt, daß sie kommen wird.)
Mit meiner Demaskierung des Bewußtseins, erreiche ich natürlich eine Störung der Mordgefühle – – daher kommt es auch, daß Leute meine Stücke oft ekelhaft und abstoßend finden, weil sie eben die Schandtaten nicht so miterleben können. Sie werden auf die Schandtaten gestoßen – – sie fallen ihnen auf und erleben sie nicht mit. Es gibt für mich ein Gesetz und das ist die Wahrheit.
Ich habe Verständnis dafür, wenn jemand fragt – – Lieber Herr, warum nennen Sie denn Ihre Stücke Volksstücke? Auch hierauf will ich heute antworten, damit ich mit derlei Sachen für längere Zeit meine Ruhe habe. Also: das kommt so.
Vor sechs Jahren schrieb ich mein erstes Stück »Die Bergbahn«, und gab ihm den Untertitel und Artbezeichnung: »Ein Volksstück«. Die Bezeichnung Volksstück war bis dahin in der jungen dramatischen Produktion in Vergessenheit geraten. Natürlich gebrauchte ich diese Bezeichnung nicht willkürlich, das heißt: nicht einfach deswegen, weil das Stück ein bayerisches Dialektstück ist und die Personen Streckenarbeiter sind, sondern deshalb, weil mir so etwas wie eine Fortsetzung, Erneuerung des alten Volksstückes vorgeschwebt ist – – also eines Stückes, in dem Probleme auf eine möglichst volkstümliche Art behandelt und gestaltet werden, Fragen des Volkes, seine einfachen Sorgen, durch die Augen des Volkes gesehen. Ein Volksstück, das im besten Sinne bodenständig ist und das vielleicht wieder Anderen Anregung gibt, eben auch in dieser Richtung weiter mitzuarbeiten – – um ein wahrhaftiges Volkstheater aufzubauen, das an die Instinkte und nicht an den Intellekt des Volkes appelliert.
Zu einem Volksstück, wie zu jedem Stück, ist es aber

unerläßlich, daß ein Mensch auf der Bühne steht. Ferner: der Mensch wird erst lebendig durch die Sprache.

Nun besteht aber Deutschland, wie alle übrigen europäischen Staaten zu neunzig Prozent aus vollendeten oder verhinderten Kleinbürgern, auf alle Fälle aus Kleinbürgern. Will ich also das Volk schildern, darf ich natürlich nicht nur die zehn Prozent schildern, sondern als treuer Chronist meiner Zeit, die große Masse. Das ganze Deutschland muß es sein!

Es hat sich nun durch das Kleinbürgertum eine Zersetzung der eigentlichen Dialekte gebildet, nämlich durch den Bildungsjargon. Um einen heutigen Menschen realistisch schildern zu können, muß ich also den Bildungsjargon sprechen lassen. Der Bildungsjargon (und seine Ursachen) fordert aber natürlich zur Kritik heraus – – und so entsteht der Dialog des neuen Volksstückes, und damit der Mensch, und damit erst die dramatische Handlung – – eine Synthese aus Ernst und Ironie.

Mit vollem Bewußtsein zerstöre ich nun das alte Volksstück, formal und ethisch – – und versuche die neue Form des Volksstückes zu finden. Dabei lehne ich mich mehr an die Tradition der Volkssänger an und Volkskomiker an, denn an die Autoren der klassischen Volksstücke. Und nun kommen wir bereits zu dem Kapitel Regie.

Ich will nun versuchen hauptsächlich möglichst nur praktische Anweisungen zu geben: (diese gelten für alle meine Stücke, außer der »Bergbahn«). Bei Ablehnung auch nur eines dieser Punkte durch die Regie, ziehe ich das Stück zurück, denn dann ist es verfälscht.

Zu den Todsünden der Regie zählt folgendes:

1. Dialekt. Es darf kein Wort Dialekt gesprochen werden! Jedes Wort muß hochdeutsch gesprochen werden, allerdings so, wie jemand, der sonst nur Dialekt spricht und sich nun zwingt, hochdeutsch zu reden. Sehr wichtig!

Denn es gibt schon jedem Wort dadurch die Synthese zwischen Realismus und Ironie. Komik des Unterbewußten. Klassische Sprecher. Vergessen Sie nicht, daß die Stücke mit dem Dialog stehen und fallen!

2. In meinen sämtlichen Stücken ist keine einzige parodistische Stelle! Sie sehen ja auch oft im Leben jemand, der als seine eigene Parodie herumlauft – – so ja, anders nicht!

3. Satirisches entdecke ich in meinen Stücken auch recht wenig. Es darf auch niemand als Karikatur gespielt werden, außer einigen Statisten, die gewissermaßen als Bühnenbild zu betrachten sind. Das Bühnenbild auch möglichst bitte nicht karikaturistisch – – möglichst einfach bitte, vor einem Vorhang, mit einer wirklich primitiven Landschaft, aber schöne Farben bitte.

4. Selbstverständlich müssen die Stücke stilisiert gespielt werden, Naturalismus und Realismus bringen sie um – – denn dann werden es Milljöhbilder und keine Bilder, die den Kampf des Bewußtseins gegen das Unterbewußtsein zeigen – – das fällt unter den Tisch. Bitte achten Sie genau auf die Pausen im Dialog, die ich mit »Stille« bezeichne – – hier kämpft das Bewußtsein oder Unterbewußtsein miteinander, und das muß sichtbar werden.

5. In dem so stilisiert gesprochenen Dialog, gibt es Ausnahmen – – einige Sätze, nur ein Satz manchmal, der plötzlich ganz realistisch, ganz naturalistisch gebracht werden muß.

6. Alle meine Stücke sind Tragödien – – sie werden nur komisch, weil sie unheimlich sind. Das Unheimliche muß da sein.

7. Es muß jeder Dialog herausgehoben werden – ein stummes Spiel der anderen, ist streng untersagt. Sehen Sie sich die Volkssängertruppen an. Zum Beispiel im ersten Bild beim Zeppelin: keine Statisten – – einzelne Leute mit angeklebten Bärten, Dicke, Dünne, Kinder, Elli und Maria,

usw. müssen zusehen – – ohne Bewegung, nur die Sprecher selbst, die nicht. Von dem Verschwinden des Zeppelins ab, haben alle die Bühne zu verlassen, nur Kasimir und Karoline nicht – – der Eismann kommt nur, wenn man ihn braucht, tritt er an den Kasten – – wenn Kasimir den Lukas haut, kommen die Leute herein, sehen stumm zu, wie das auf dem Bolzen hinaufläuft, gehen wieder ab.
Stilisiert muß gespielt werden, damit die wesentliche Allgemeingültigkeit dieser Menschen betont wird – – man kann es gar nicht genug überbetonen, sonst merkt es keiner, die realistisch zu bringenden Stellen im Dialog und Monolog sind die, wo ganz plötzlich ein Mensch sichtbar wird – – wo er dasteht, ohne jede Lüge, aber das sind naturnotwendig nur ganz wenig Stellen.
8. Innerhalb dieses stilisierten Spieles gibt es natürlich Gradunterschiede, so zum Beispiel:
Erste Gruppe (am wenigsten stilisiert):
Kasimir
Karoline
Erna
Zweite Gruppe:
Schürzinger
Rauch
Speer
Elli
Dritte Gruppe:
Maria
und alle Übrigen
Karikaturistisch:
die Statisten und die Abnormitäten.
Dieser Stil ist das Resultat praktischer Arbeit und Erfahrung, und kein theoretisches Postulat. Und er erhebt keinen Anspruch auf Allgemeingültigkeit, er gilt vor allem nur für meine Stücke.

## [Briefentwurf]

Als ich vor einem halben Jahr von der erfolgreichen Aufnahme meines Stückes »Kasimir und Karoline« in Wien erfuhr, habe ich mich sehr gefreut, denn ich habe es immer gehofft und geahnt, daß meine Stücke gerade in Wien Verständnis finden müßten. Denn genau wie der Verfasser, sind auch seine sogenannten Kinder »K. u. K.« Erzeugnisse – d. h. sie streben nach Wahrheit, trotz der Illusion, daß es eine solche nicht gibt oder nicht geben darf.

Als mein Stück 1932 in Berlin uraufgeführt wurde, schrieb fast die gesamte Presse, es wäre eine Satire auf München und auf das dortige Oktoberfest – ich muß es nicht betonen, daß dies eine völlige Verkennung meiner Absichten war, eine Verwechslung von Schauplatz und Inhalt; es ist überhaupt keine Satire, es ist die Ballade vom arbeitslosen Chauffeur Kasimir und seiner Braut mit der Ambition, eine Ballade voll stiller Trauer, gemildert durch Humor, das heißt durch die alltägliche Erkenntnis: »Sterben müssen wir alle!«

Unabhängig von den zeitlich bedingten Kostümierungen ist und war es in Berlin immer Sitte zu fragen: »Gegen wen richtet sich das?« Man hat nie gefragt: »Für wen tritt es ein?« Das »gegen« war und ist dort immer wichtiger als das »für«.

Ich habe die Wiener Aufführung noch nicht gesehen und ich freue mich sehr, daß Herr Lönner sie wieder im Spielplan aufgenommen hat und zwar aus dem egoistischen Wunsch, sie sehen zu können. Und es freut mich umso mehr, daß ich die Darsteller, die es spielen werden, in anderen Stücken und Rollen als wahrhafte Künstler kennen und schätzen gelernt habe, in meinem Stück sehen werde.

# Was soll ein Schriftsteller heutzutag schreiben?

Meine Damen und Herren! Der Titel meines Vortrages ist etwas lang; er wäre kürzer, wenn wir keine Zensur hätten. Es ist der Vorteil der Zensur immer schon gewesen, daß der Zensurierte sich anstrengen muß, Bilder zu finden. Die Zensur fördert also die Bildbegabung, die visionäre Schau, mit anderen Worten: aus der Zensur entsteht das Symbol. Ohne Zensur gibts kein Symbol. Und auch kein dichterisches Bild. Denn ein dichterisches Bild, das der Zensur gefällt, ist kein dichterisches Bild, sondern die Träumerei einer unbefriedigten Briefschreiberin.

Sie werden nun mit Recht einwenden, daß wir keine Zensur haben oder nur so ein ganz bisserl eine, die sich auf alle öffentlichen Gebiete, auch des Geisteslebens, erstreckt. Nun, es ist möglich, daß der eine oder andere Staat des Abendlandes keine Zensur hat, so besteht aber eine individuelle, und die besteht immer. Und so wollen wir nun die Zensur definieren. Die Zensur ist ein Produkt der Angst.

Die Angst hat viele Kinder. Ich erwähne nur die Lüge, die Hemmung, die Tücke, und zum Teil auch die Unwissenheit – (aber da ist noch ein anderer Vater dabei) – aber nicht die Dummheit! Oh nein! Die Dummheit, das ist ein eigenes Gebiet, die bewohnt ein feines, schönes Haus.

Aber wir wollen nicht über die Dummheit reden. Man soll solche Worte heutzutag gar nicht in den Mund nehmen, es ist zu direkt, man setzt sich noch der Gefahr aus, daß man eingesperrt wird. Und wenn nicht heute, dann in einem Jahr, dann kommt einer und sagt: Sie, Sie haben doch mal gesagt, ich bin dumm. Sie das ist Landesverrat. Und dann wird man geköpft. Gebrauchen wir dafür Bilder, Symbole: z. B. Nationalismus, Antisemitismus, –

Es werden noch manche sagen, er machts sich zu billig: die haben mich nicht verstanden. Ich sagte: Symbole der Dummheit. Ich könnte auch sagen, das Symbol der Dummheit wär ein Idiot in einem Abendkleid. Weder das Abendkleid ist dumm, noch die Schuhe – aber der Inhalt. Die Zensur übt jeder privat.

Jeder sagt privat: Nein, davon will ich nichts wissen. Das ist mir zu frei, d. h. zu unangenehm. Sie sehen, er übt auch gegen sich selbst Zensur. Er gebraucht das Bild der Freiheit für das Nichterinnertwerdenwollensein an seine Schwäche. Der Impotenzler als Freiheitskämpfer – und schon ist ein verhängnisvoller und geschäftstüchtiger.

Aber es gibt Länder ohne Zensur; z. B. Rußland und Deutschland.

In beiden Ländern braucht man keine Zensur. Denn es gibt nichts zu zensurieren. Denn beide Bewegungen sind anti-geistig. Die Materie fehlt.

Sie üben auch die Zensur nur gegen Autoren aus dem Ausland aus.

1. Die Zensur.
2. Der Begriff des Schriftstellers.
3. Die echte und die falsche Würde.
4. Die Marlitt wird modern.
5. Was ist Menschlichkeit?
   Verständnis und Verzeihung für die kleinen Schweinereien.
   Haß gegen die großen.
   Heute ist es umgekehrt.
6. Sport. (Bilder)
7. Der letzte Ritter.
   (Verlust der Ritterlichkeit)
8. Das Gewissen.
9. Die mißhandelte Vernunft.

(Die vornehmste Aufgabe des Schriftstellers ist es vernünftig zu sein. Ich könnte mir die Definition leicht machen, indem ich sage: vernünftig ist, wer klar ist. Aber die Klarheit ist heut unbeliebt. Und so komme ich am Ende wieder zum Anfang zurück: zur Zensur. Aber es gibt nur eine wahrhafte Zensur: das Gewissen! Und das dürfen wir nie verlassen. Auch ich habe es verlassen, habe für den Film z. B. geschrieben wegen eines neuen Anzugs und so. Es war mein moralischer Tiefstand. Heut hab ich noch eine Krawatte davon. Und die Pflicht der anderen ist, seine Bücher zu kaufen – jawohl, seine Bücher, denn sonst bleibt ihm nichts anderes übrig, als in Schönheit zu sterben, nämlich zu verhungern.)

10. Wir leben in einer Zeit, in der ein großer Teil der Welt von Verbrechern und Narren beherrscht wird.
11. Das Ziel jedes Staates ist die Verdummung des Volkes. Keine Regierung hat ein Interesse daran, daß das Volk gescheit wird. Also steht jede Regierung in Feindschaft gegen die Vernunft, nämlich gegen die Vernunft der Anderen. Die Regierung ist umso stärker, je fester sie darauf schaut, daß das Volk verdummt wird.
12. Und das Volk will nur hören, daß es wichtig ist. – – – Der Sport ist eine internationale Reaktion auf die Röllchen.

Der Sport ist auch ein Fundament zur Entwicklung der Individualität. Aber es ist eine völlig ungeistige Individualität.

Die Arten des Sportes:
Zuschauer und Aktive
Die Liebe zur Mißgeburt

(Früher zum buckligen Geistigen)
(Jetzt zum geraden Idioten)

13. Was hat die Beseitigung der Arbeitslosigkeit mit dem Kampf gegen die Vernunft zu tun?
Die Antwort ist etwas kompliziert, aber sie fällt nicht schwer: sie hat eigentlich nichts damit zu tun. Uneigentlich alles.
Der Begriff des Uneigentlichen.

Der Schriftsteller ist kein Individualist.
Aber: Nur Freude und Erfolg, d. h. Geldverdienen – das geht nicht!
Damit versündigt er sich gegenüber seinem Talent. Und die Sünde gegen das Talent, das endet in der Hölle des Stumpfsinnes. Er wird alt und nichts. Seine Kinder werden Idioten.
Verantwortung, d. h. nichts anderes, wie einfach ausgedrückt: Gewissen.

(Ich weiß nicht, was ein Schriftsteller von den Zeitungen hat?! Von der Reklame?!)

# Die Komödie des Menschen

Es ist vielleicht grotesk in einer Zeit, die wie die, in der ich lebe, unruhig ist, und wo niemand weiß, was morgen sein wird, sich ein Programm im Stückeschreiben zu stellen. Trotzdem wage ich es, obwohl ich nicht weiß, was ich morgen essen werde. Denn ich bin überzeugt, daß es nur Sinn hat, sich ein großes Ziel zu stecken. Zur Rechtfertigung und Selbstermunterung. – Ich habe in den Jahren 1932-1936 verschiedene Stücke geschrieben, sie sind, außer einem, gespielt worden, und zwar, wie man so zu sagen pflegt, mit Erfolg, außer einem. Diese Stücke ziehe ich hiermit zurück, sie existieren nicht, es waren nur Versuche.

Es sind dies: Kasimir und Karoline<br>
Liebe, Pflicht und Hoffnung<br>
Die Unbekannte der Seine<br>
Hin und her<br>
Himmelwärts<br>
Figaro läßt sich scheiden<br>
Don Juan kommt aus dem Krieg<br>
Das jüngste Gericht.

Einmal beging ich einen Sündenfall. Ich schrieb ein Stück, »Mit dem Kopf durch die Wand«, ich machte Kompromisse, verdorben durch den neupreußischen Einfluß, und wollte ein Geschäft machen, sonst nichts. Es wurde gespielt und fiel durch. Eine gerechte Strafe.

So habe ich mir nun die Aufgabe gestellt, frei von Verwirrung die Komödie des Menschen zu schreiben, ohne Kompromisse, ohne Gedanken ans Geschäft. Es gibt nichts Entsetzlicheres als eine schreibende Hur. Ich geh nicht mehr auf den Strich und will unter dem Titel »Komödie des Menschen« fortan meine Stücke schreiben, eingedenk der Tatsache, daß im ganzen genommen das menschliche Leben immer ein Trauerspiel, nur im einzelnen eine Komödie ist.

# Entwürfe und Varianten

## Varianten

### Pestballade

Ein Matrose steht in Kalkutta.
Und eine fremde Sonne sendet so sengende Blicke
auf seinen windschiefen Scheitel herab.
Die rote Sonne das Cyklopenauge der tiefblauen Himmel.
Unten im träggrauen Ganges ihr blasses Bild.
Und weit über dem Ganges, weit über dem Meere lebt
die Heimat . . .
Großvater baute das Haus
in wiederkleingewordener Stadt . . .
Du Stube mit Heiland am Kreuze über kleiner Wiege
Du Rosenfenster
müde scheinen einer Alten weiße Haare durch das Grün
und Rot
und denkt . . . :
Irgendwo steht ein Matrose in der Welt –

Bajadere
braun und biegsam
wie spielende Panther
schmiegsam
wie Urwald-Lianen
Und Augen!
leuchtend wie Geschmeide
auf purpurner Seide . . .
Zähne:
mit Wüstensonnen kämpfende weiße Messerschneide.

Matrose
Blut bäumt, heult . . . : die!!
Alle und Alles
die Alte
den Ganges
den Heiland vergessen . . .
Vergessen!
. . . und wirft sich auf sie . . .

Doch Bajadere lächelt.

Und er reißt sie an sich und beißt sie . . .
Und Bajadere ist tot.

Langsam, wie Kindheitserinnerungen die kranken Gehirnbänder in eines Wahnsinnigen kahlem Schädel entlanghuschen, und leise, wie in kühlen Vorfrühlingsnächten die ersten zagen Sonnenstrahlen sich in nackte Zinshausräume schleichen
dämmert es in ihm . . .
warum
Alles so graugeworden
warum
rennt Alles im Kreise
wie Silbergäule
im Kreise, im Kreise, im Kreise . . .
Grau aus dem Ganges grinst es
hohle Höhlen rauben Augen
Knochen zerbröckeln
Fetzen gelbgrüner Haut
wie entgleitende Schlangen
Erbarmen!
müde . . . . . .
Mutter!!

Und ein Matrose starb
Fern . . .

Und die Stube mit Heiland am Kreuze über kleiner Wiege
alt scheinen einer Mutter weiße Haare durch das grün
und rot . . .
und schaut hinaus in den Herbst
und etwas würgt ihr altes Herz . . . :
Vielleicht
bis er wiederkommt
bin ich schon tot.

## Harem

Es gibt Gärten im weißen Wüstensand.
Breit beschweren geheimnisvolle Gewebe die heißatmende Erde: Blüten mit glitzernden Helmen auf ernsten Köpfen; wie weithinsichtbare goldene Kuppeln heiliger Moscheen. Daneben streben gelbe und zarterbaute Minaretts in den hellen Himmel hinein; lind liebkost sie der Wind; denn sie sind zerbrechlich als wären sie Glas.

Im Käfig von dummen Eunuchen bewacht
schlafen des Kalifen hundert Frauen
oder spielen mit erbeuteten Altartüchern
über weiche seidene Polster.
Oder glotzen
durch starke Stäbe in die Himmel –

Schweigen –
(Da:)
ein Schrei!

Und ein Weib weht in den Raum . . .
Ihre kleine Brust will goldene Fesseln sprengen.

Und der Raum hat kein Tor.

Und sie weint
im von rohen Häschern herabgerissenen Gewand
krallt in die kostbar behangene Wand
ermattetes Wild am Abgrundrand

Und eine singende Klinge treibt sie tanzen . . .
und denken an langvergangene Zeiten
draußen auf bleichen Heiden
Da gleiten Finger in ihr langes, dunkles
Haar und beugen ihr Antlitz in den glatten Nacken und
schauen in betende Augen.
Und zeichnen einen dünnen roten Strich auf ihren blassen
Hals.

## *Interview*

### Variante

Ödön von Horváth

CRONAUER Herr von Horváth, ich hab also das Vergnügen, Sie im Auftrage des Bayerischen Rundfunks 20 Minuten lang zu interviewen und hoffe, daß ich in dieser kurzen Zeit sehr viel von Ihnen erfahren kann. Seit Sie durch die Verleihung des Kleistpreises geehrt wurden, sind die Tageszeitungen und literarische Blätter voll von Meinungen über Sie und ich glaube fast, daß kein moderner Dramatiker die Herzen und Hirne der Kritik für und wider mehr entflammte, als Sie, Herr Horváth. Es wird also ganz interessant sein, von Ihnen selbst einmal wahre Daten und Meinungen zu hören. Die heute schon stereotype Frage nach Herkunft und Nationalität wollen wir nicht stellen, sondern gleich auf Ihr Schaffen – –

HORVÁTH Nein, bitte Herr Cronauer, richten Sie diese Frage doch an mich, denn gerade meine Nationalität war – was mir ja unverständlich ist – oft der Streitpunkt gegnerischer Kritik – wenn ich mich so ausdrücken darf.

CRONAUER Gut – Herr von Horváth

HORVÁTH Wenn man mich fragt, ob ich ein Deutscher bin, so kann ich darauf nur antworten: ich fühle mich als ein Individuum, das sich unter allen Umständen zum deutschen Kulturkreis zählt und warum ich mich zum deutschen Kulturkreis gehörend betrachte, liegt wohl vor allem daran, daß meine Muttersprache die deutsche ist. Und dies dürfte meiner Meinung nach der ausschlaggebende Grund sein. Dann erst folgt die Tatsache, daß ich entscheidende Entwicklungsjahre in Deutschland und zwar in Südbayern und in Österreich verlebt habe. Mein Name ist zwar rein ungarisch – und ich habe auch ungarisches Blut in mir, auch tschechisches und kroatisches – ich bin also eine typische österreich-ungarische Mischung. Aber ich glaube, daß die Produkte derartiger Rassenmischungen nicht unbedingt die schlechtesten sein müssen. – Es gibt bekanntlich solche Rassengemischte, die spätere Zeiten dann – und mit Recht – als die echtesten und größten Repräsentanten deutschen Wesens bezeichnet haben. Ich denke zum Beispiel an den Kunstmaler Albrecht Dürer, der ein halber Ungar gewesen ist. Bekanntlich hieß sein Vater Ajtosi, was zu Deutsch soviel heißt wie Türer. Ajto heißt Türe. – Aber lassen Sie mich von diesen historischen Höhen wieder zu mir heruntersteigen – ich möchte noch folgendes sagen: immer wieder lese ich in Artikeln, daß ich ein ungarischer Schriftsteller bin. Das ist natürlich grundfalsch. Ich habe noch nie in meinem Leben – außer in der Schule irgend etwas ungarisch geschrieben, sondern immer nur deutsch. Ich bin also ein deutscher Schriftsteller.

CRONAUER Von Ihrer deutschen, ja absolut süddeutschen Art wird wohl jeder, der Ihre Arbeiten genauer kennt, überzeugt sein, auch wenn Sie nicht gerade deutscher Staatsbürger sind. Vielleicht darf ich Sie bitten – in Ergänzung des vorigen – uns zu sagen, wo Sie geboren sind?

HORVÁTH Wenn Sie sich also schon unbedingt mit einem Teil meines Privatlebens beschäftigen wollen, so gebe ich Ihnen gerne Auskunft. Ich bin ja gar nicht so. – Also: geboren bin ich in Fiume am adriatischen Meer und zwar [vor] dreißig Jahren. Von meinem ersten bis zu meinem fünften Lebensjahre gedieh ich sichtlich in Belgrad. Dann kam ich in die Volksschule und zwar in Budapest um dann schließlich als dreizehnjähriger in München zu landen – wo wir ja gemeinsame Schuljahre, Herr Cronauer, am Wilhelmsgymnasium und am Realgymnasium verbrachten.

CRONAUER Das war in den ersten Kriegsjahren.

HORVÁTH Ja, während meiner Münchner Schulzeit brach der Weltkrieg aus. Wenn ich daran zurückdenke, so muß ich sagen, daß ich heute das Gefühl habe, als könnte ich mich an die Zeit vor dem Weltkrieg nicht mehr erinnern. Ich muß mich schon ziemlich anstrengen, damit mir aus dieser Friedenszeit wieder etwas einfällt und ich glaube, so ähnlich wird es Ihnen und wohl allen unseren Altersgenossen gehen?

CRONAUER Ja – da muß ich Ihnen vollkommen beistimmen.

HORVÁTH Der Weltkrieg verdunkelt unsere Jugend und wir haben wohl kaum Kindheitserinnerungen. Ganz am Anfang gefiel uns Buben der Krieg ganz ausgezeichnet. Wir hatten schulfreie Tage und es gab immer eine Sensation, deren fürchterliche Ursachen und Auswirkungen wir damals natürlich weder erfassen konnten noch sollten. Wir waren alle sehr begeistert und es tat uns außerordentlich leid, daß wir nicht um fünf Jahre älter waren – dann hätten wir nämlich sofort hinauskönnen in das Feld. Natürlich spielte bei dieser Begeisterung auch der Gedanke an ein Zeugnis ohne Prüfung eine nicht zu unterschätzende Rolle. – Aber ich denke, wir wollen über diese vergangenen Jahre nicht weiter reden.

CRONAUER Ja – übergehen wir diese Zeit und kommen wir lieber auf die schönen Künste zu sprechen. Wollen Sie uns nicht sagen, Herr Horváth, wie Sie eigentlich Schriftsteller geworden sind?

HORVÁTH Auf eine sehr komische Art, Herr Cronauer.

CRONAUER Sie hatten doch sicher schon sehr früh die Absicht, unter die »Literaten« zu gehen?

HORVÁTH Ja – und nein. – Darüber bin ich mir noch nicht klar geworden, aber es kam ungefähr so: Ich besuchte 1920 in München die Universität und hatte, wie man so zu sagen pflegt, Interesse an der Kunst, hatte mich selber aber in keiner Weise noch irgendwie künstlerisch betätigt – nach außen hin – innerlich, mit dem Gedanken schon, da sagte ich mir: Du könntest doch eigentlich Schriftsteller werden, Du gehst doch z. B. gern ins Theater, hast bereits allerhand erlebt, Du widersprichst gern, fast dauernd und dieser eigentümliche Drang, das was man so sieht und erlebt niederzuschreiben, den hast Du auch – und dann weißt Du auch, daß man nie Konzessionen machen darf und daß es Dir immer schon gleichgültig ist, was die Leute über Dich reden – und so hatte ich eigentlich schon auch das, was pathetische Naturen als die »Erkenntnis einer dichterischen Mission« bezeichnen.

CRONAUER Und wie kamen Sie zu Ihrer ersten öffentlichen dichterischen Arbeit?

HORVÁTH Das war 1920: Ich lernte hier in München den Komponisten Siegfried Kallenberg kennen. Kallenberg wandte sich eines Abends plötzlich an mich mit der Frage, ob ich ihm nicht eine Pantomime schreiben wolle. – Ich war natürlich ziemlich verdutzt, weil ich es mir gar nicht vorstellen konnte, wieso er mit diesem Anliegen ausgerechnet an mich herantritt – ich war doch gar kein Schriftsteller und hatte noch nie in meinem Leben irgend etwas geschrieben. Er muß mich wohl verwechselt haben, dachte ich mir – und ursprünglich wollte ich ihn auch aufklären, dann aber überlegte ich es mir doch anders: warum sollte ich es nicht einmal probieren, eine Pantomime zu schreiben. Ich sagte zu, setzte mich hin und schrieb die Pantomime. Die wurde dann auch später aufgeführt. Die erste Kritik, die ich über mein dichterisches Schaffen erhalten habe – ich glaube, daß Sie das interessiert? –

CRONAUER Gewiß.

HORVÁTH Sie war nämlich vernichtend und begann mit folgenden Worten: »Es ist eine Schande u.s.w.« Aber ich nahm mir das weiter nicht sehr zu Herzen, sondern fing nun an drauflos zuschreiben –

CRONAUER Und widmeten sich dann ganz der Dichtkunst?

HORVÁTH O nein – ich versuchte es noch mit allerhand mehr oder minder bürgerlichen Berufen – aber es wurde nie etwas richtiges daraus – anscheinend war ich doch zum Schriftsteller geboren. –

CRONAUER Nun darf ich Sie wohl bitten, uns gleich etwas über Ihre weiteren Arbeiten zu sagen. Ihr erstes Stück: »Die Bergbahn«, das einen Vorfall beim Bau der Zugspitzbahn dramatisch behandelt, machte Sie als Dramatiker zuerst bekannt?

HORVÁTH Ja – das Stück hat zum Inhalt den Kampf zwischen Kapital und Arbeitskraft. Der Held des Stückes, der zwischen den beiden Parteien steht ist Ingenieur und durch ihn ist die Stellung der sogenannten Intelligenz im Produktionsprozeß charakterisiert. Das Stück wurde im Herbst 1927 an den Kammerspielen in Hamburg uraufgeführt und dann im Januar 1929 an der Volksbühne in Berlin gespielt.

CRONAUER Sie bezeichneten die »Bergbahn« – wie ja später alle Ihre Dichtungen – als ein Volksstück. Fast ist ja uns heutigen Menschen der Charakter des »Volksstückes« gänzlich verloren gegangen – es dürfte also von besonderem Interesse sein, von Ihnen Herr Horváth – den namhafte Kritiker den Erneuerer des Volksstückes nannten – Ihre Beweggründe, die Sie zu dieser Bezeichnung führten, kennen zu lernen.

HORVÁTH Natürlich gebrauchte ich diese Bezeichnung nicht willkürlich, d. h. nicht einfach deshalb, weil das Stück ein bayerisches Dialektstück ist, sondern weil mir so etwas Ähnliches, wie die Fortsetzung des alten Volksstückes vorschwebte. – Des alten Volksstückes, das für uns junge Menschen mehr oder minder natürlich auch nur noch historischen Wert bedeutet, denn die Gestalten dieser Volksstücke, also die Träger der Handlung haben sich doch in den letzten zwei Jahrzehnten ganz unglaublich verändert. – Sie werden mir nun vielleicht entgegen halten, daß die sogenannten ewigmenschlichen Probleme des guten alten Volksstückes auch heute noch die Menschen bewegen. – Gewiß bewegen sie sie – aber anders. Es gibt eine ganze Anzahl ewig-menschlicher Probleme, über die wir heute lachen – oder umgekehrt. Will man also das alte Volksstück heute fort setzen, so wird man natürlich heutige Menschen aus dem Volke – wie der schöne, feudale Ausdruck lautet – und zwar aus den maßgebenden, für unsere Zeit bezeichnenden Schichten auf die Bühne bringen. Also: zu einem heutigen Volksstück gehören heutige Menschen und mit dieser Feststellung gelangt man zu einem interessanten Resultat: nämlich, will man als Autor wahrhaft gestalten, so muß man der völligen Zersetzung der Volksstücksprache durch den Bildungsjargon Rechnung tragen.

CRONAUER Ja – der heutige Mensch ist natürlich ein Anderer, als der verflossener Jahrzehnte – seine Sprache, seine Leidenschaften und seine Weltanschauung haben sich geändert und natürlich auch der Bildungsjargon, um Ihr Wort aufzugreifen.

HORVÁTH Ja und die Ursache hierfür fordert zur Kritik heraus und dies glaube ich damit am besten zu treffen, oder zu gestalten – wenn Sie so lieber gesagt haben wollen – indem ich im Dialog eine Synthese von Ernst und Ironie gebe. Aus dieser Erkenntnis zog ich die Konsequenz – ich schrieb bisher vier Volksstücke: Die besagte »Bergbahn« dann ein Stück aus der Inflationszeit, dann »Italienische Nacht« und »Geschichten aus dem Wiener Wald«. Mit vollem Bewußtsein zerstörte ich das alte Volksstück, formal und ethisch – und versuchte als dramatischer Chronist mehr die neue Form des Volksstückes zu treffen finden. –

CRONAUER Ist diese »neue Form« des Volksstückes in dem bei Ihren Dichtungen doch besonders hervortretenden epischen Charakter zu suchen?

HORVÁTH Ganz richtig. Diese neue Form ist mehr eine schildernde als eine dramatische. Sie knüpft mehr an die Tradition der Volkssänger und Volkskomiker an, als an die Autoren der früheren Volksstücke –

CRONAUER Ihre Stücke haben einen starken satirischen Charakter?

HORVÁTH Ja, ich stehe zu Satire und Karikatur absolut positiv.

CRONAUER Damit wären wir bei einem heiklen Thema angelangt – Sie wissen ja, daß man uns Jungen gerade unsere positive Stellung zu Satire und Ironie zum starken Vorwurf macht – als einen Mangel an Anteilnahme, an Bewunderung und an Ehrfurcht auslegt. Und es ist doch in Wirklichkeit gerade das Gegenteil. Es ist weiß Gott keine Überhebung, der wir uns schuldig machen – wir sehen darin eine Welt- und Lebensanschauung und letzten Endes eine uns führende und weisende Selbstkritik. – Aber das wird uns heute eben noch nicht zuerkannt, man mißversteht unsere kämpferischen Absichten, bestreitet unsere Ehrlichkeit und versagt unserem Schaffen notwendige Anteilnahme und Anerkennung. Man macht es uns doppelt schwer – man isoliert uns und wendet in der großen Öffentlichkeit den Blick fast ausschließlich auf vergangene Zeiten. Vor lauter Geburtstags- Jahrestags- und Todestaggedenkefeiern übersieht man, daß es eine nach neuen Formen und Idealen strebende Jugend gibt. – – Aber daß wir von unserem Thema nicht abgehen, es würde auch zu weit führen –

HORVÁTH Ich stimme Ihnen zu, Herr Cronauer und ich erkläre mir so auch, daß meine Stücke bei einem Teil der Presse oft eine ziemliche Erregung auslösten – Persönlich ist mir das ziemlich schleierhaft. Man wirft mir vor, ich sei zu derb, zu ekelhaft, zu unheimlich, zu zynisch und was es dergleichen noch an schönen Worten gibt – und man übersieht dabei, daß ich doch kein anderes Bestreben habe, als die Welt so zu schildern, wie sie halt leider ist. – Und daß das gute Prinzip auf der Welt den Ton angibt, wird man wohl kaum beweisen können – behaupten schon. – Der Widerwille eines Teiles des Publikums beruht wohl darauf, daß dieser Teil sich in den Personen auf der Bühne selbst erkennt – und es gibt natürlich Menschen, die über sich selbst nicht lachen können – und besonders nicht über ihr mehr oder minder bewußtes, höchst privates Triebleben.

CRONAUER Ich glaube, daß es daran liegt, daß die meisten Menschen nicht aus der Erkenntnis heraus lachen und damit verstehen können. – Sie lachen lieber über einen blöden Witz – bei dem man sich weiter nichts denken braucht und der sie auch persönlich garnichts angeht. –

HORVÁTH Ja.

CRONAUER Ihre Stellung zur Parodie, würde mich noch interessieren, Herr Horváth.

HORVÁTH Die Parodie lehne ich als dramatische Form aus dichterischer Erkenntnis heraus ab. Parodie hat meines Erachtens mit Dichtung gar nichts zu tun und ist ganz billiges Gefallmittel.

CRONAUER Nun, Herr Horváth, lassen Sie uns auf unser gemeinsames Steckenpferd, auf das Theater zu sprechen kommen. – Es ist uns ja leider nicht die Zeit gegeben, über die werdende neue Form des Theaters zu sprechen – aber vielleicht wird uns einmal hierzu Gelegenheit gegeben – denn ich bin überzeugt, daß Sie und auch ich, gerne hierüber plaudern würden – und es gäb da unendlich viel zu sagen: über das neue Drama, das chorische Drama – den neuen Schauspieler – und Sprecher, über Regie und auch über neue Theaterführung, über den Mut zum Kämpferischen und Neuen, zur Heranbildung eines Publikums und dessen kritischer Presse. – In unserer Begeisterung und in unserem bestimmten Wissen um die kulturelle Bedeutung und Aufgabe des Theaters treffen wir uns wohl im Glauben an den Fortbestand dieser Kunstform. Im Glauben an seine innere Entwicklung und in der Überwindung aller äußeren, materiellen Nöten?

HORVÁTH Gewiß. – Und wenn man auch heutzutage – und zwar sehr ernstlich – über den Untergang des Theaters spricht. Natürlich geht es den Theatern wirtschaftlich miserabel – aber wem geht es heut nicht so? – Es ist schon möglich daß alle Theater zugrunde gehen – aber dann werden eben dafür Liebhaberbühnen erstehen –

CRONAUER die – wenn ich Sie unterbrechen darf – sicher nicht unkünstlerischer, dabei aber großzügiger und nicht nur geschäftstüchtig arbeiten werden.

HORVÁTH Ja. – Das Theater als Kunstform kann nicht untergehen, aus dem einfachen Grunde, weil die Menschen es brauchen. Für mich ist das eine selbstverständliche, bestehende Tatsache. Das Theater ist diejenige Kunstform, die am stärksten für das Publikum phantasiert und Phantasie ist bekanntlich ein Ventil für asoziale Regungen. – Das Theater nimmt nun dem Zuschauer das Phantasierenmüssen ab, es phantasiert für ihn und gleichzeitig erlebt auch der Zuschauer die Produkte dieser Phantasie. Er lebt mit, das heißt vor allem: er begeht alle edlen und auch alle schändlichen Geschehnisse, die auf der Bühne vor sich gehen – und verläßt dann das Theater als ein kleiner Engel, oder auch als Mörder, Räuber und Ehebrecher –– Man nennt diesen Zustand Erhebung.

CRONAUER Und mit diesem Zustand »Erhebung« wäre eigentlich die Aufgabe des Theaters erfüllt – nur könnten wir das nicht überall – oder meistens überhaupt nicht konstatieren. Ob das nun an der Dichtung, oder an der Darstellung oder vielleicht auch am Publikum liegt, das können wir hier nicht erörtern. Es wäre nur zu wünschen, daß die Erbauung, die das Theater doch geben soll, auch den breiten Volksschichten, die ja heute, sei es abgelenkt durch Kino, oder Sport, kaum mehr in das Theater gehen – zuteil werden möge.

HORVÁTH Daß das Interesse am Theater im breiten Volke nachgelassen hat, liegt wohl auch darin, weil wir kein richtiges, echtes, im guten Sinn des Wortes bodenständiges Volkstheater mehr haben – aber auf dem Wege zu ihm sind.

CRONAUER Aus psychologischen Gründen spreche ich eigentlich grundsätzlich nie über die sozialen und wirtschaftlichen Nöten unserer Zeit – das überlaß ich gerne denen, dies von der Warte aus tun und denen es deshalb sicher nicht so schlecht geht – aber glauben Sie nicht auch, daß viele Theaterfreunde – gerade aus dem Volke

– wegen Geldmangel einfach nicht ins Theater gehen können?

HORVÁTH Natürlich leiden die Bühnen sehr unter der wirtschaftlichen Krise – obgleich es andererseits zu denken gibt, daß die Kinos teilweise sogar sehr gut besucht sind – es liegt aber auch wo anders und hier hätte ich einen kleinen praktischen Vorschlag: Abschaffung der Garderobe und des gesellschaftlichen Kleidungszwanges. Viele, viele Menschen gehen nicht ins Theater, weil sie keinen schönen Anzug haben – könnten sie ihren Mantel anbehalten oder in ihrem Werktagskleide bleiben, wären die Theater sicher besuchter. – Und es kommt ja nicht auf die vielen schönen Garderoben an, sondern auf die Menschen und die Köpfe die im Zuschauerraum sitzen.

CRONAUER Das ist ein sehr beachtenswerter Vorschlag und ich [bin] überzeugt – auch aus persönlicher Erfahrung – daß mit seiner Durchführung schon eine große Anzahl des verloren gegangenen Publikums zurückzugewinnen wäre. Nun sehe ich aber leider, daß die vorgeschrittene Zeit es mir nicht mehr erlaubt, Ihnen noch verschiedene Fragen vorzulegen. Ich muß unser Zwiegespräch beenden und ich hoffe nur, daß die Zuhörer des Bayerischen Senders den gleichen Gewinn, wie ich, aus Ihren Äußerungen und Anregungen gezogen haben. Ich danke Ihnen.

HORVÁTH Nun möchte ich auch noch dem Bayerischen Rundfunk danken, daß er mir Gelegenheit gegeben hat, mich hier zu äußern. Vielleicht war es für manchen nicht ganz uninteressant, mal einen Dramatiker über das Drama und über Theaterfragen zu hören – – und nicht nur immer Kritiker.

# *Gebrauchsanweisung*

## Entwürfe

### [1]

### An das p. t. Publikum

Ich habe mich bisher immer gesträubt, irgendetwas über meine Stücke zu schreiben. Ich dachte, die Stücke sollen für sich selbst sprechen. Ich habe aber erleben müssen, daß das p. t. Publikum meine Stücke total mißverstanden hat, ob es sie nun gelobt oder getadelt hat, – und so bin ich gezwungen, hier mal zu reden.
Es sind hier in Berlin vier Stücke von mir gespielt worden. Die ersten zwei waren Versuche in puncto innerem Gehalt, die anderen zwei Versuche in puncto äußerer Form. Da ich, wie man so zu sagen pflegt, etwas »Neues« bringe, liegt die Schuld des Mißverstandenwerdens zu einem beträchtlichen Teil auf mir. Ich will aber jetzt den Kommentar zu meinen Stücken geben – ohne Kommentar trifft mich ein großer Teil der Schuld.

Also: es ist vollständig falsch, daß ich Satire geben will. Ich denke nicht daran. Ich will die Leute so zeigen, wie sie sind – das heißt: wie ich sie sehe. Ich sehe sie nicht satirisch. Ich bin auch kein Komiker. (Vielleicht müssen aber meine Stücke immer von lauter Komikern gespielt werden, da sie sonst zu »krass« wären.) Für mich ist die Komik etwas Tragisches. Ich schreibe Tragödien, die nur durch ihre »Menschlichkeit« komisch sind.

Ich wehre mich gegen das Wort »Kitsch«. Ich verstehe das nicht. Das Leben ist doch kitschig!

Ich wehre mich gegen den Vorwurf, ich würde mich nach keiner Seite hin entscheiden. Ein solcher Vorwurf ist das Produkt einer anmaßend oberflächlichen Einstellung.

Kunst ist ein Ventil für die Phantasie. Die »schlechten« Eigenschaften. Die asozialen Triebe. Künstler immer auf der Seite des Mörders. Und nun will ich Ihnen das Geheimnis verraten: ich bin nicht auf Seiten des Mörders, nein keineswegs! Und deshalb bin ich abstoßend hart, unbequem

Kitsch: man ist gegen Kitsch. Man will seinen Geschmack bilden, – jeder Mensch begeht aber täglich durchschnittlich zehn Schweinereien. Zumindest als Gedankensünde.

[2]

## Gebrauchsanweisung

Ich hatte mich bis dato immer heftig dagegen gesträubt, mich in irgendeiner Weise über meine dramatische Produktion zu äußern, nämlich ich war so naiv und bildete es mir ein, daß man – Ausnahmen bestätigen in diesem Falle leider die Regel – meine dramatische Produktion auch ohne Gebrauchsanweisung verstehen wird. Heute gebe ich es unumwunden zu, daß dies ein aus purer Nächstenliebe überheblicher Irrtum meinerseits gewesen ist.
Heute bin ich u. a. um folgende Erfahrungen reicher:

1. daß der größere Teil des p. t. Publikums Ironie mit Satire, und Satire mit Parodie verwechselt.

2. daß die Synthese von Ironie und Realismus, die ich erstrebe, als Zynismus gewertet wird. Oder als gewollte Komik (letzteres sind die ganz Dummen).

3. daß die Aufführungen den Stil meiner Stücke (bis auf wenige Szenen) nie richtig wiedergegeben haben –– (dies soll aber Gottbeschütz kein Vorwurf sein, denn die Wirkungen eines Aufführungsstiles ersieht man erst aus der Praxis.

Aus der Praxis lernen. Durch Erfahrungen klüger werden).

Bevor ich nun auf die Verbotsparagraphen btr. Wiedergabe meiner Stücke übergehe, will ich nur noch kurz folgendes bekanntgeben: nicht nur »Kasimir und Karoline«, sondern alle meine bisherigen und soweit ich mich überblicken kann, alle meine nächsten Stücke haben ein einziges dramatisches Thema: Kampf des sozialen Bewußtseins gegen das asoziale Triebleben und umgekehrt. Die sogenannte dramatische Handlung ist eine rein sekundäre Angelegenheit, ist nur der Rahmen.

Alle meine Stücke, jedes meiner Motive, sind Tragödien, resp. sind tragisch.

Nun aber zur Gebrauchsanweisung betr. Regie:

Es ist strengstens verboten:

1. Das Stück auf Milljöh hin zu inszenieren. In diesem Stück ist keine Milljöhschilderung. Es verleitet den Regisseur, dann fällt aber alles unter den Tisch. Es ist ein Stück, das ich nicht geschrieben habe.

2. Realistisch zu spielen. Das Stück muß überspitzt gespielt werden, es kann gar nicht genug übertrieben in Maske und Kostüm auf realistischer Basis gespielt werden, weil die Leut so dumm sind, und wenn man etwas nicht faustdick aufträgt, dann verstehen sie es nicht. Ich

werde nun verschiedene Klassen, Schattierungen geben in der Überspitzung: ein stilisierter Realismus
Erste Gruppe:

3. Das Stück darf nicht also anzengruberisch gespielt werden. Es basiert auf den Traditionen der Volkssänger – – die Szenen sind Auftrittsszenen, bei denen der Hintergrund wechselt. Die Musik als Entree, wie bei einem Couplet. Die Regiebemerkungen müssen überhaupt peinlichst eingehalten werden, besonders, wenn es heißt: keine Musik. – – Natürlich genügen zu diesem Stück 10 Statisten, immer dieselben, gleich angezogen, am Anfang und am Ende. Statisten sind nur sichtbar, wenn sie auf der Bühne direkt in die Handlung eingreifen, sonst haben sie die Bühne zu verlassen – – es darf kein Wort der Dialoge unter den Tisch fallen.
4. Allerstrengstens verboten, Dialekt zu sprechen. Die Stücke sind keine Dialektstücke, sondern hochdeutsch – sie müssen hochdeutsch gesprochen werden, durch diesen Gegensatz des Bildungsbürgers und des Nichtanderskönnens in puncto Trieb (infolge unseres Erdendaseins) entsteht ja bereits die Ironie.
5. Parodistisch zu spielen. Keines meiner Stücke ist eine Parodie.

## [3]

## Gebrauchsanweisung

Ich hatte mich bis heute immer heftig dagegen gesträubt, mich in irgendeiner Form über meine dramatische Produktion zu äußern, nämlich ich bin so naiv gewesen und habe es mir aus purer Nächstenliebe eingebildet, daß zumindest Dreiviertel des p. t. Publikums (und natürlich auch Dreiviertel der p. t. offiziellen Kritik) in der Lage sein müßte, meine dramatische Produktion auch ohne Gebrauchsanweisung zu verstehen und begreifen, resp. nicht mißverstehen zu können. Heute allerdings – – nachdem bereits vier Stücke von mir gespielt worden sind – – bin ich um einige Erfahrungen über die Auffassungsgabe im allgemeinen reicher. So unter anderem:

1. daß jenes besagte Dreiviertel Ironie mit Satire und Satire mit Parodie verwechselt.

2. daß die Synthese von Ironie und Realismus, Relativität und Aktivität, die ich erstrebe, mit Zynismus verwechselt wird. (Hier muß ich ein Kuriosum einschalten: es gibt sogar welche, die meinen, ich sei »unfreiwillig komisch« – – eine solche Dummheit schrieb sogar der bekannte Kritiker Paul Fechter.)

Bevor ich nun auf die Verbotsparagraphen betr. Wiedergabe meiner Stücke übergehe, erlaube ich mir nur noch kurz folgendes bekannt zu geben: nicht nur »Kasimir und Karoline«, sondern alle meine bisherigen Stücke und soweit ich mich überblicken kann, alle auch meine nächsten Stücke haben und werden nur einen und immer den selben dramatischen Konflikt haben: Kampf des sozialen Bewußtseins gegen das asoziale Triebleben. Die sogenannte dramatische »Handlung« ist nur Rahmenhandlung. Alle meine Stücke sind Tragödien, meine dramatischen Motive sind tragisch.

[4]

## Gebrauchsanweisung

Ich hatte mich bis heute immer heftig dagegen gesträubt, mich in irgendeiner Form über meine dramatische Produktion zu äußern, nämlich ich bin so naiv gewesen und habe es mir aus purer Nächstenliebe eingebildet, daß zumindest Dreiviertel des p. t. Publikums (und natürlich auch Dreiviertel der p. t. offiziellen Kritik) in der Lage sein müßte, meine dramatische Produktion auch ohne Gebrauchsanweisung verstehen zu können. Heute allerdings – – nachdem bereits vier Stücke von mir gespielt worden sind – – bin ich naturnotwendig um einige Erfahrungen betr. Begriffsvermögen und Auffassungsgabe im allgemeinen reicher. So unter anderem: daß jenes besagte Dreiviertel die Synthese von Ironie und Realismus, Relativität und Aktivität, die in meinen Augen den einzigen wirklichen Wert meiner Stücke ausmacht, mit Satire oder gar mit Parodie (die ich hasse) verwechselt. Es besteht ja nun allerdings die Möglichkeit, daß dieses und andere Mißverständnisse (auf die einzugehen [ich] mir erspare, da sie zu dumm sind) mit einem einzigen Rechte sich damit verteidigen können, daß meine Stücke bisher nicht ganz richtig im Stil gespielt worden sind. Aber selbst zugegeben, daß dies stimmt, ist es eine sehr lächerliche Verteidigung mit fadenscheinigen Argumenten.
Trotzdem habe ich mich entschlossen (um einmal über die Basis volle Klarheit zu schaffen) im folgenden einiges über die Wiedergabe meines Stückes »Kasimir und Karoline« zu sagen – – das Grundsätzliche gilt natürlich auch für alle meine Stücke. Also: Es ist verboten:

1.

[5]

## Kommentar

Ich hatte mich bis heute immer heftig dagegen gesträubt, in irgendeiner Form mich über meine Stücke zu äußern – – ich bin nämlich so naiv gewesen, und bildete es mir ein, daß der weitaus größte Teil des theaterbesuchenden Publikums Satire oder Ironie, meine Stücke auch ohne Gebrauchsanweisung verstehen wird. Ich gebe es zu, daß das ein grober Irrtum gewesen ist.
Erstens und zweitens liegt die Schuld an mir, denn ich dachte, daß viele Stellen, die doch nur eindeutig zu verstehen sind, verstanden werden müßten, dies ist falsch – – es ist mir öfters nicht restlos gelungen, die von mir angestrebte Synthese zwischen Ironie und Ernst zu gestalten.
Zweitens: es liegt an den Aufführungen – – alle meine Stücke sind bisher nicht richtig im Stil gespielt worden, wodurch eine Unzahl von Mißverständnissen naturnotwendig entstehen mußte. Daran ist niemand vom Theater schuld, kein Regisseur und kein Schauspieler, dies möchte ich ganz besonders betonen – – sondern nur ich allein bin schuld. Denn ich überließ die Aufführung ganz den zuständigen Stellen – – aber nun sehe ich klar, nun weiß ich es genau, wie meine Stücke gespielt werden müssen.
Drittens liegt die Schuld am Publikum, denn: es hat sich leider entwöhnt auf das Wort im Drama zu achten, es sieht oft nur die Handlung – – es sieht wohl die dramatische Handlung, aber den dramatischen Dialog kennt es nicht mehr. Jedermann kann bitte meine Stücke nachlesen: es ist keine einzige Szene in ihnen, die nicht dramatisch wäre – – unter dramatisch verstehe ich nach wie vor, den Zusammenstoß zweier Temperamente – – die Wandlungen, usw. In jeder Dialogszene wandelt sich eine Person.

Bitte nachlesen! Daß dies bisher nicht herausgekommen ist, liegt an den Aufführungen. Aber auch an dem Publikum.
Und hier möchte ich gleich hinzufügen, was ich mit meinen Stücken bezwecke: Zu guter Letzt die Demaskierung des Bewußtseins – – das ist mein Dialog. Das Dramatische liegt bei mir im Dialog – – im Kampf zwischen Bewußtsein und Unterbewußtsein. Die dramatische Handlung wird ja dadurch eigentlich überflüssig, tritt in zweite Linie.
Aus all dem geht schon hervor, daß Parodie nicht mein Ziel sein kann – – es wird mir oft Parodie vorgeworfen, das stimmt aber natürlich in keiner Weise. Ich hasse die Parodie! Satire und Karikatur – – ab und zu ja. Aber die satirischen und karikaturistischen Stellen in meinen Stücken kann man an den fünf Fingern herzählen – – ich bin kein Satiriker, meine Herrschaften, ich habe kein anderes Ziel, als wie dies: Demaskierung des Bewußtseins.

Diese Demaskierung betreibe ich aus zwei Gründen: erstens, weil sie mir Spaß macht – – zweitens, weil infolge meiner Erkenntnisse über das Wesen des Theaters, über seine Aufgabe und zu guter Letzt Aufgabe jeder Kunst ist folgendes – – (und das dürfte sich nun schon allmählich herumgesprochen haben) – – die Leute gehen ins Theater, um sich zu unterhalten, um sich zu erheben, um eventuell weinen zu können, oder um irgend etwas zu erfahren. Es gibt also Unterhaltungstheater, Theater ästhetische und pädagogische Theater. Alle zusammen haben eines gemeinsam: sie nehmen den Menschen das Phantasieren ab, phantasieren statt den Zuschauern und – – lassen dieses gestaltet Phantasierte den Zuschauern auch noch zum Erlebnis werden.
Die Phantasie ist bekanntlich ein Ventil für Wünsche – –

bei näherer Betrachtung werden es wohl asoziale Triebe und Wünsche sein, noch dazu höchst primitive. Im Theater findet also der Besucher zugleich das Ventil wie auch Befriedigung (durch das Erlebnis) seiner künstlerischen asozialen Triebe und Wünsche. Ich will dies an einem Beispiel erläutern:
Es wird ein Kommunist auf der Bühne ermordet, in feiger Weise von einer Überzahl von Bestien. Die kommunistischen Zuschauer sind voll Haß und Erbitterung gegen die Weißen – – sie leben aber eigentlich das mit und morden mit und die Erbitterung und der Haß steigert sich, weil er sich gegen die eigenen asozialen Wünsche richtet. Beweis: es ist doch eigenartig, daß Leute ins Theater gehen, um zu sehen, wie jemand umgebracht wird – – und dafür Eintritt bezahlen und hernach in einer gehobenen weihevollen Stimmung das Theater verlassen. Was geht denn da vor, wenn nicht ein durchs Miterleben mitgemachter Mord? Die Leute gehen aus dem Theater mit weniger asozialen Regungen heraus, wie hinein. (Unter asozial verstehe ich Triebe, die auf einer kriminellen Basis beruhen – – und nicht etwa Bewegungen, die gegen eine Gesellschaftsform gerichtet sind – – ich betone das extra, so ängstlich bin ich schon geworden, durch die vielen Mißverständnisse)
Dies ist eine vornehme pädagogische Aufgabe des Theaters. Und das Theater wird nicht untergehen, denn die Menschen werden in diesen Punkten immer lernen wollen – – ja je stärker der Kollektivismus wird, um so größer wird die Phantasie. Solange man um den Kollektivismus kämpft, natürlich noch nicht, aber dann – – ich denke manchmal schon an die Zeit, die man mit proletarischer Romantik bezeichnen wird. (Ich bin überzeugt, daß sie kommen wird)
Mit meiner Demaskierung des Bewußtseins, erreiche ich natürlich eine Störung der Mordgefühle – – daher kommt

es auch, daß Leute meine Stücke oft ekelhaft und abstoßend finden, weil sie eben die Schandtaten nicht so miterleben können. Sie werden auf die Schandtaten gestoßen – – sie fallen ihnen auf und erleben sie nicht mit. Es gibt für mich ein Gesetz und das ist die Wahrheit.
Ich habe Verständnis dafür, wenn mich jemand fragt – – Lieber Herr, warum nennen Sie dann Ihre Stücke Volksstücke? Auch hierauf will ich heute antworten, damit ich mit derlei Sachen für längere Zeit meine Ruhe habe: Also: das kommt so. Vor sechs Jahren schrieb ich mein erstes Stück, »Die Bergbahn«, und gab ihm den Untertitel und Artbezeichnung: »Ein Volksstück«. Die Bezeichnung Volksstück war bis dahin in der jungen dramatischen Produktion in Vergessenheit geraten. Natürlich gebrauchte ich diese Bezeichnung nicht willkürlich, das heißt: nicht einfach deswegen, weil das Stück ein bayerisches Dialektstück ist und die Personen Streckenarbeiter sind, sondern deshalb, weil mir so etwas wie eine Fortsetzung, Erneuerung des alten Volksstückes vorgeschwebt ist – – also eines Stückes, in dem Probleme auf eine möglichst volkstümliche Art behandelt und gestaltet werden, Fragen des Volkes, seine einfachen Sorgen, durch die Augen des Volkes gesehen. Ein Volksstück, das im besten Sinne bodenständig ist und das vielleicht wieder Anderen Anregung gibt, eben auch in dieser Richtung weiter mitzuarbeiten – – um ein wahrhaftiges Volkstheater aufzubauen.

Zu einem Volksstück, wie zu jedem Stück, ist es aber unerläßlich, daß ein Mensch auf der Bühne steht. Ferner: der Mensch wird erst lebendig durch die Sprache. Hierauf werde ich
Nun besteht aber Deutschland, wie alle übrigen europäischen Staaten, zu neunzig Prozent aus vollendeten oder verhinderten Kleinbürgern, auf alle Fälle aus Kleinbür-

gern. Will ich also das Volk schildern, darf ich natürlich nicht nur die zehn Prozent schildern, sondern als treuer Chronist meiner Zeit, die große Masse. Das ganze Deutschland muß es sein!
Es hat sich aber nun durch das Kleinbürgertum eine Zersetzung der eigentlichen Dialekte gebildet, nämlich durch den Bildungsjargon. Um einen Menschen zu schildern, muß ich also den Bildungsjargon sprechen lassen. Der Bildungsjargon (und seine Ursachen) fordern aber natürlich zur Kritik heraus – – und so entsteht der Dialog des neuen Volksstückes, und damit der Mensch, und damit erst die dramatische Handlung – – eine Synthese aus Ernst und Ironie.
Mit vollem Bewußtsein zerstöre ich nun das alte Volksstück, formal und ethisch – – und versuche die neue Form des Volksstückes zu finden. Dabei lehne ich mich mehr an die Traditionen der Volkssänger an und Volkskomiker an, denn an die Autoren der klassischen Volksstücke. Und nun kommen wir bereits zu dem Kapitel Regie.

Ich will nun versuchen, hauptsächlich möglichst nur praktische Anweisungen zu geben: (diese gelten für alle meine Stücke, außer der »Bergbahn«)
Zu den Todsünden der Regie zählt folgendes:
1. Dialekt. Es darf kein Wort im Dialekt gesprochen werden! Jedes Wort muß hochdeutsch gesprochen werden, allerdings so, wie jemand der sonst nur Dialekt spricht und sich nun zwingt, hochdeutsch zu reden. Sehr wichtig! Denn es gibt schon jedem Wort dadurch die Synthese zwischen Realismus und Ironie.
2. In meinen sämtlichen Stücken ist keine einzige parodistische Stelle! Sie sehen ja auch oft im Leben jemand, der als seine eigene Parodie herumlauft – – so ja, anders nicht!

3. Satirisches entdecke ich in meinen Stücken auch recht wenig. Es darf auch niemand als Karikatur gespielt werden, außer einigen Statisten, die gewissermaßen als Bühnenbild zu betrachten sind. Das Bühnenbild auch möglichst bitte nicht karikaturistisch -- möglichst einfach bitte, vor einem Vorhang, mit einer wirklich primitiven Landschaft, aber schöne Farben bitte.
4. Selbstverständlich müssen die Stücke stilisiert gespielt werden, Naturalismus und Realismus bringen sie um -- denn dann werden es Milljöhbilder und keine Bilder, die den Kampf des Bewußtseins gegen das Unterbewußtsein zeigen -- das fällt unter den Tisch. Bitte achten Sie genau auf die Pausen im Dialog, die ich mit »Stille« bezeichne -- hier kämpft sich das Bewußtsein oder Unterbewußtsein miteinander, und das muß sichtbar werden.
5. In dem so stilisiert gesprochenen Dialog gibt es Ausnahmen -- einige Sätze, nur ein Satz manchmal, der plötzlich ganz realistisch, ganz naturalistisch gebracht werden muß.
Zum Beispiel:
6. Alle meine Stücke sind Tragödien -- sie werden nur komisch, weil sie unheimlich sind. Das Unheimliche muß da sein.
7. Es muß jeder Dialog herausgehoben werden -- ein stummes Spiel der anderen, ist streng untersagt. Sehen Sie sich die Volkssängertruppen an. Zum Beispiel im ersten Bild beim Zeppelin: keine Statisten -- einzelne Leute mit angeklebten Bärten, Dicke, Dünne, Kinder, Elli und Maria, usw. müssen zusehen -- ohne Bewegung, nur die Sprecher selbst die nicht. Von dem Verschwinden des Zeppelins ab, haben alle die Bühne verlassen, nur Kasimir und Karoline nicht -- der Eismann kommt nur, wenn man ihn braucht, tritt er an den Kasten -- wenn Kasimir den Lukas haut, kommen die Leute herein, sehen stumm

zu, wie das auf dem Bolzen hinaufläuft, gehen wieder ab. Stilisiert muß gespielt werden, damit die wesentliche Allgemeingültigkeit dieser Menschen betont wird -- man kann es garnicht genug überbetonen, sonst merkt es keiner. Die realistisch zu bringenden Stellen im Dialog und Monolog sind die, wo ganz plötzlich ein Mensch sichtbar wird -- wo er dasteht, ohne jede Lüge, aber das sind naturnotwendig nur ganz wenig Stellen: zum Bespiel --

8. Innerhalb dieses stilisierten Spieles gibt es natürlich Gradunterschiede, so zum Beispiel:
Erste Gruppe: (am wenigsten stilisiert)
 Kasimir
 Karoline
 Schürzinger
 Erna
Zweite Gruppe:
 Schürzinger
 Rauch
 Speer
 Elli
Dritte Gruppe:
 Maria
 und alle Übrigen.
Karikaturistisch: die Statisten und die Abnormitäten.

Dieser Stil ist das Resultat praktischer Arbeit und Erfahrung, und kein theoretisches Postulat. Und er erhebt keinen Anspruch auf Allgemeingültigkeit, er gilt vor allem nur für meine Stücke.

# Anhang

## *Entstehung*[1], *Überlieferung, Textgestaltung*

### *Verse*

Wenn Ödön von Horváth als Einunddreißigjähriger in einem Interview erklärte, er habe bis zu seinem zwanzigsten Lebensjahr »nie in meinem Leben etwas geschrieben«[2], so trifft das nicht zu. Schon als Neun- und Zehnjähriger verfaßte er kleine Theaterstücke, die er zusammen mit seinem Bruder Lajos und Kindern aus der Nachbarschaft zur Aufführung brachte. Auf einer Bank liegend führte Ödön »Regie«. Die Eintrittskarten verkaufte er an Bekannte und Verwandte, um sein Taschengeld aufzubessern. Auch kurze Gedichte Ödöns wurden von den beiden Brüdern zum Vortrag gebracht.[3] Frühe Dokumente[4] solcher »künstlerischer Tätigkeit« sind Aquarelle des neunjährigen Ödön, auch ein Selbstporträt aus dem Jahr 1913 und Seiten eines illustrierten Gedichtes[5]:

*Luci in Macbeth*
*Eine Zwerggeschichte von Ed. v. Horváth*

*»So sah der »liebe« Luci aus*
*Der in Belgrad ist zuhaus.«*
*Da packt dich schon ein kalter Graus*
*Und du reißt schleunigst aus.*
*Doch lieber Leser bleibe hier*
*Aus Lucis Leben muß ich dir*
*Eine Schauergeschichte erzählen:*

*Der Luci war zwölf Jahre alt*
*Als er schon ganz Sau kalt*
*In »Macbeth«, »Hamlet« usw.*
*Hat gehen wollen ganz heiter.*

*Da kaufte ihm ein Billet*
*Der liebe Papa für »Macbeth«*

*Um Punkt Sieben die Vorstellung begann*
*Der Luci vor Neugierde zerrann.*

*Und endlich als es losging*
*Der Luci zu heulen anfing.*

*Weil auf der Bühne – oh schauerig*
*Drei Hexen jodelten fürchterlich*

*Der Luci wußte nicht wie es kam*
*Als ihm die erste Trähne ran*

*Die Hexen jodelten immerzu fort*
*Dem Luci schien es nicht geheuer am Ort*
*Und als endlich das erste Bild aus war*
*Da flüchtete Luci aus dem Lokal*
*Er rannte in einer Tour bis nach Haus*
*»Die Vorstellung war für mich ein Graus«*
*Und sogar in der Nacht*
*Ist er oft aufgewacht.*
*Denn vor Geister fürchtet er sich sehr*
*Und Geister kamen immer noch mehr.*
*In der Frühe seufzt der Luci schwer:*
*»In »Macbeth« geh ich nimmermehr!«*
*Die Geschichte giebt dir eine Lehre:*
*In das Theater gehören keine Zwerge!*
*Ed. v. Horváth*

Entstanden sein dürfte das »Gedicht« 1916.
Horváths Verse *Glück*[6] sind vermutlich das erste bisher aufgefundene Zeugnis seiner schriftstellerischen Tätigkeit; im »Poesiealbum« der 16jährigen Gustl Emhardt steht es zwischen Eintragungen anderer Freunde mit Datum 5. 5. 1918 und 16. 3. 1920. *Du*, ebenfalls für Gustl Emhardt geschrieben, dürfte zur selben Zeit entstanden sein.[7] *Litanei der spanisch Feuer Leut*, *Dienstbotenlied* und *Flitterwochen* stammen, dem Typoskript nach zu schließen, aus den frühen zwanziger Jahren.[8] Die *Lieder zum Schlagzeug*[9], ihre Entstehungszeit liegt zwischen 1920 und 1924, waren als *Worte und Musik von Ödön*

*v. Horváth* konzipiert und bestanden aus *I. Ballade vom geilen Stepptänzer, II. Der uralte Stutzer* und *III. Unerotisches Barmädchen*; diesen Titel korrigierte Horváth dann in *A-erotisches Barmädchen. Der uralte Stutzer* muß als verschollen gelten. Unter der vom Herausgeber gewählten Überschrift *Und die Leute werden sagen* handelt es sich um jene Verse Horváths, die man am 1. 6. 1938 in der Rocktasche des tödlich Verunglückten fand, auf »eine leere Zigarettenschachtel gekritzelt«.[10]

## *Das Buch der Tänze*

Über die Entstehung der Pantomime hat sich Ödön von Horváth ausführlich Willi Cronauer gegenüber geäußert.[11] Der mit Horváth befreundete Journalist und spätere Regisseur Géza von Cziffra vermutet, daß Siegfried Kallenberg Horváth mit dem »Konsul« Melchior von Horváth verwechselt hatte, der später in einen aufsehenerregenden Scheckbetrug verwickelt war.[12] *Das Buch der Tänze*, das 1922 im Münchner Schahin-Verlag in einer Auflage von 500 Exemplaren erschienen war, galt lange Zeit als verschollen; erst in den fünfziger Jahren tauchten einige wenige Exemplare wieder auf. Am 7. 1. 1922 wurde Horváths Tanzdichtung im Rahmen des »Ersten Abends des Kallenberg-Vereins« im Steinickesaal in der Schwabinger Adalbertstraße 15 in München der Öffentlichkeit vorgestellt. Die acht Episoden »von Ödön J. M. von Horváth, in Musik gesetzt von Siegfried Kallenberg, gesprochen von Annie Marée«, wurden von Ludwig Fischer-Schwaner am Klavier begleitet.[12]. In der Kritik der ›München-Augsburger Abendzeitung‹ hieß es: »Daß aber Kallenberg als Komponist einen Oedön von Horvath ins Schlepptau nehmen konnte, daß sich für dessen ›Poeterei‹ sogar ein hiesiger angesehener Verlag fand, dürfte wohl bei allen Leuten, die noch einigermaßen guten Geschmack für Dichtkunst haben, ein Schütteln des Kopfes erregen.«[13] *Das Buch der Tänze* wurde am 19. 2. 1926 noch einmal in einer Soirée des Osnabrücker Theaters aufgeführt, mit Helmut Arendt als Sprecher, inszeniert von Günter Hess. Die im Programmheft umrissene Absicht Kallenbergs und Horváths, »eine innigere Verschmelzung von Dichtung und Musik, die durch die tänzerische

Darstellung zur Einheit« erhoben werden sollte[14], zu erreichen, schlug sich auch in den Rezensionen nieder. Horváth male »mit farbiger Sprache Situation und Stimmungen«[15], er schreibe Verse »voll Klang und hoher Schönheit«[16]; diese Urteile galten indes nicht der Musik und der »etwas schwulstig wortreichen Geschehensuntermalung«[17], sondern der tänzerischen Gestaltung. In der ›Osnabrücker Volkszeitung‹ hieß es: »Es war – das muß offen ausgesprochen werden – vollkommener Kitsch, und man muß von einem Theater, das auf seine künstlerische Bedeutung etwas hält, verlangen, daß derartig Unfertiges und Unmögliches nicht wieder gebracht wird.«[18] Für Günter Hess hat die Osnabrücker Aufführung noch dreißig Jahre später »den Wert der Einmaligkeit [. . .], weil dieser anfängliche und sehr moderne Stil eigentlich richtunggebend für mich wurde und sich in seiner Ausdrucks- und Formsubstanz nicht wesentlich verändert, sondern eben nur sublimiert und technisch vollkommener wurde«.[19] Nach der Aufführung in Osnabrück kaufte Ödön von Horváth die gesamte restliche Auflage mit Hilfe seines Vaters auf, entfernte Exemplare des Buches aus öffentlichen Bibliotheken und erbat von Bekannten die Herausgabe der Exemplare. Jede Erinnerung an das Buch sollte ausgemerzt werden. Jahrelang blieb Horváths erstes Buch verschollen. Allerdings hat Horváth offenbar einmal den Versuch unternommen, sein *Buch der Tänze* zu überarbeiten. In einem den Eltern gewidmeten Exemplar korrigierte Horváth handschriftlich die Episoden *Pestballade* und *Harem*.[20] Partituren, Klavierauszüge und Noten der Musik von Siegfried Kallenberg zum *Buch der Tänze* werden in der Musiksammlung der Bayerischen Staatsbibliothek in München verwahrt.[21]

### *Lieder für Siegfried Kallenberg*

Im Nachlaß des Münchner Komponisten und Musikkritikers Siegfried (Garibald) Kallenberg (1867-1944), der in der Musiksammlung der Bayerischen Staatsbibliothek verwahrt wird, fanden sich einige bis dahin unbekannte Texte Horváths, die eine intensivere als bislang angenommene Zusammenarbeit zwischen dem Komponisten und dem angehenden Autor nachweisen.[22]

*Schlaf meine kleine Braut* und *Sehnsucht*[23], von Kallenberg als »Zwei Lieder für Sopran und Klavier nach Dichtungen von O. v. Horváth« bezeichnet, sind mit »Mai 1923« und mit »15. Mai 1923« von Kallenberg datiert. *Schlaf meine kleine Braut* stand auch auf dem Programm des »III. Literarisch-musikalischen Abends« der Kallenberg-Gesellschaft am 26. 3. 1924; es sang Fanny Beiser, von Kallenberg am Flügel begleitet.[24] Zu Horváths *Sehnsucht* notierte Kallenberg handschriftlich: »Es gibt Märchen, in denen die Musik die ganze Sehnsucht an die Oberfläche treibt, die wie das Schicksal des Menschen geworden ist (R. Rolland)«. Auf dem Programm des Kallenberg-Abends am 26. 3. 1924 stand auch, ebenfalls von Fanny Beiser vorgetragen, Horváths *Ständchen*[25]; Kallenbergs Komposition ist datiert mit dem 23. 3. 1924.

### *Sportmärchen*

Die Entstehungszeit kann mit 1924 angesetzt werden. In diesem Jahr wurden auch die ersten *Sportmärchen* in verschiedenen Zeitungen und im Münchner ›Simplicissimus‹ abgedruckt.[26] *Zu Murnau im Jahre des Heils 1924 im Monate September* widmete Horváth ein handgeschriebenes Exemplar mit dem Titel *Legende vom Fussballplatz und diejenigen meiner Sportmärchen die wie ich glaube meinem Lizulein am meisten zusagen werden von all denen die ich für sie schrieb unter dem Titel: Sportmärchen und Verwandtes* seiner damaligen Freundin Felizia Seyd. Dieses Exemplar[27] enthielt: *Der Faustkampf, das Harfenkonzert und die Meinung des lieben Gottes, Der sichere Stand, Start und Ziel, Was ist das?, Stafetten, Aus einem Rennradfahrerfamilienleben, Begegnung in der Wand, die Mauerhackenzwerge, die Eispickelhexe, Legende vom Fußballplatz, Vom unartigen Ringkämpfer, Persönlichkeiten, Regatta.*
Der Abdruck der *Sportmärchen* folgt einem 34seitigen Typoskript[28] Horváths, hs durchpaginiert von 2 bis 34, mit kleinen hs Korrekturen, die bei dem Abdruck berücksichtigt wurden. Einem hs Konzept nach, hatte Horváth ursprünglich eine andere Anordnung erwogen:

*1.) Der Faustkampf, . . .*
*2.) Start und Ziel*

⟨*3.) Das Wassersprungbrett.*⟩
*3. Der sichere Stand.*
*4.) Legende vom Fußballplatz*
*5.) ⟨Der grosse und der kleine Berg⟩ Regatta*
*6.) Vom artigen R.*
*7.) Vom unartigen R.*
*8.) ⟨Regatta⟩ Der grosse und der kleine Berg.*
*9.) Begegnung in der Wand*
*11.) Mauerhacken*
*12.) Eispickel*
*13.) Die Beratung*
*14.) Wintersportlegendchen*
*15.) Was ist das?*
*16.) Stafetten*
*17.) Rennradfahrerfamilienleben.*
*18.) Vom wunderlichen Herrn v. Bindunghausen*
*19.) Aus Leichtatletikland.*

Die erste Ausgabe von Horváths *Sportmärchen* erschien 1969 unter dem Titel *Rechts und links*, hg. von Walter Huder, als Bd. 25 der Berliner Handpresse (Hessling).

## *Kleine Prosa*

Eine chronologische Anordnung der kleinen Prosatexte Horváths ist nur bedingt möglich, da die Entstehungszeit der meisten Texte nur vermutet werden kann. So ist anzunehmen, daß die *Zwei Briefe aus Paris*, die Horváth als Briefe eines *Friedrich Antoine Piesecke (Zwickau)* ausgab, in Zusammenhang mit Horváths Reise nach Paris im Jahr 1923 entstanden sind.[29]

*Lachkrampf, Die Versuchung, Großmütterleins Tod, Geschichte einer kleinen Liebe, Der Tod aus Tradition* gehörten zu einem *Novellen-Band*, den Horváth plante und auf einem Blatt[30], zusammen mit der Komödie *Nach der Saison*, konzipierte, deren Entstehungszeit mit 1927 zu datieren ist. Weiter sind auf diesem Blatt noch vermerkt drei der *Sportmärchen (Rennradfahrer/Was ist das?/ Start und Ziel)* und das verschollene *Panne über Palästina*. Ob es sich bei der *Geschichte einer kleinen Liebe* um den am 26. 3. 1924 im »III. Literarisch-musikalischen Abend« der Kallenberg-Gesellschaft von Max E. Stury vorgetragenen Beitrag Horváths unter diesem Titel handelt, läßt sich nicht mit Sicherheit sagen.[31] Alle genannten Arbeiten sind im Nachlaß Horváths aufgefunden worden.[32]

Die Entstehungszeit von *Theodors Tod*[33] läßt sich mit 1927 datieren, da sich innerhalb des Textes Anspielungen auf den Film *Panzerkreuzer Potemkin* finden, dessen deutsche Premiere am 29. 4. 1926 war, sowie auf das umstrittene Schund- und Schmutzgesetz vom 18. 12. 1926 des Innenministers Wilhelm Külz (1875-1948).

*Amazonas*, 4 Typoskriptblätter aus Horváths Nachlaß[34] und von Horváth hs als *romantische Novelle* bezeichnet, muß 1927 entstanden sein, vermutlich angeregt durch den Roman von Richard Bermann, *Das Urwaldschiff*, der 1927 erschien.

*Das Märchen vom Fräulein Pollinger*[35] taucht 1930 im *Ewigen Spießer*[36] wieder auf.

*Das Fräulein wird bekehrt* wurde in Hermann Kestens Anthologie 24 *neue deutsche Erzähler* abgedruckt, die am 30. 10. 1929 im Kiepenheuer Verlag in Berlin erschien; als Druckvorlage diente das 7seitige Typoskript Horváths.[37]

Das zweiseitige Typoskript[38] *Aus den weißblauen Kalkalpen* trägt keinen Verfassernamen, sondern die Sigle *oh*. Entstanden dürfte der Beitrag 1928 sein, da die erwähnten Wahlen (zum Landtag in Bayern) am 20. 5. 1928 stattfanden.

*Die Fürst Alm*[39] und *Ein sonderbares Schützenfest*[40] sind auf Grund der dort enthaltenen Anspielungen mit 1929 datierbar.

*Wie der Tafelhuber Toni seinen Hitler verteidigt hat* ist als Typoskript nicht vorhanden; es wurde am 16. 2. 1930 im ›Simplicissimus‹ (Nr. 47, S. 559) abgedruckt.

*Souvenir de Hinterhornbach* wurde mit einigen Auslassungen unter dem Titel *Hinterhornbach* im Berliner Tageblatt vom 30. 3. 1930 abgedruckt; Horváths Typoskript[41] diente als Druckvorlage.

*Der mildernde Umstand* ist als Typoskript nicht vorhanden; es wurde am 5. 1. 1931 im ›Simplicissimus‹ (Nr. 41, S. 483 f.) gedruckt.

*Die gerettete Familie*[42] wurde unter dem Titel *Ein Kapitel aus den Memoiren des Herrn Hierlinger Ferdinand* in den ›Blättern des

Deutschen Theaters‹, H. 3 (1931/32), anläßlich der Uraufführung von *Geschichten aus dem Wiener Wald* abgedruckt.

*Der Fliegenfänger*, als Typoskript nicht vorhanden, wurde 1932 im Juniheft der Zeitschrift ›Uhu‹ (8. Jg., H. 9, 32) abgedruckt.

Alle anderen Prosaarbeiten Horváths scheinen nicht datierbar; der Abdruck folgt Typoskripten[43] aus dem Horváth-Nachlaß. Nur von *Das Märchen in unserer Zeit*[44], *Der Gedanke*[45] und *Neue Wellen*[46] ist bekannt, daß sie aus der späten Schaffensperiode stammen, die etwa mit 1936/37 anzusetzen ist; *Neue Wellen* sollte wohl am Beginn von Horváths letztem (geplanten) Roman *Adieu, Europa!* stehen. Vermutlich handelt es sich um jene Passage, über die Lydia Busch, bei der Horváth im April 1938 in Teplitz-Schönau wohnte, berichtete: »Ich fragte einmal: ›Haben Sie schon etwas gearbeitet?‹ und er las mir drei oder vier Sätze vor, von einem Schiff, traurig, seltsam suggestiv, wie alles, was er schrieb.«[47] Oder auch Walther Mehring, der sich erinnerte, diese Zeilen am Abend des 1. Juni 1938 in Horváths Zimmer gelesen zu haben.[48]

## *Autobiographisches und Theoretisches*

*Über unser Buch der Tänze* entstand aus Anlaß der Aufführung am 20. 2. 1926 in Osnabrück[49]; abgedruckt im Programmheft der Aufführung.[50] *Autobiographische Notiz (auf Bestellung)* wurde anläßlich der Uraufführung von *Revolte auf Côte 3018* am 4. 11. 1927 in den Hamburger Kammerspielen verfaßt und im Programmheft (›Der Freihafen‹, Blätter der Hamburger Kammerspiele, Jg. 10, H.3) abgedruckt. Als Druckvorlage für Horváths *Autobiographische Notizen* dienten Typoskripte Horváths, die im Nachlaß aufgefunden wurden.[51]

*Fiume, Belgrad, Budapest, Preßburg, Wien und München* ... erschien im Februar 1929 in der Ullstein-Zeitschrift ›Der Querschnitt‹ (9. Jg. H.2, S. 136 f.)

*Zensur und Proletariat* wurde abgedruckt in der Zeitschrift ›Die Menschenrechte‹, Berlin, 20. 2. 1929.

*Flucht aus der Stille*[52] sind 3 Typoskriptseiten Horváths überschrieben, die offenbar nach dem Vertragsabschluß mit dem Ullstein Verlag am 11. 1. 1929 konzipiert wurden.

*Unlängst traf ich einen Bekannten*[53] ist eine eigenständige Variante zu Horváths *Flucht aus der Stille*.

*»Sie haben keine Seele«* ist ein Entwurf Horváths überschrieben, mit dem er vermutlich auf eine Rezension Heinrich Manns reagieren wollte. Im Vorwort von Hermann Kesten zur Anthologie *24 neue deutsche Erzähler*[55] hieß es: »Es sind alles junge Schriftsteller, die an die Wirkung ihres Wortes, ja, an die Wirkung *ihres* neuen und jetzt vielleicht noch schwachen Wortes glauben, es sind alles junge Menschen, die zu wissen glauben, daß ein Schriftsteller notwendig ist in dieser korrumpierten und bedürftigen Welt, von der heutzutage nur noch Photographen sagen: Die Welt ist schön! [. . .] Und nach dem Wort des großen lebenden Schriftstellers Heinrich Mann wollen sie nützliche Schriftsteller sein, wobei sie wissen, daß nur das beste Wort und schönste Wort nützt, daß Pfuscherei und Charakterlosigkeit des Schriftstellers der Verderb der Literatur und der Welt sind.« Der im Vorwort beschworene Heinrich Mann rezensierte den Band am 4. 4. 1930 in der ›Literarischen Welt‹. Kesten habe richtig gewählt, schrieb Heinrich Mann, aber die »Geschichten sind nicht nur hoffnungslos: sie lassen auch für alle anderen Geschichten, die noch erlebt werden können, keine Hoffnung zu«. Heinrich Mann warf den jungen Erzählern vor, daß »kein Wort von Seele« fällt, »sie berichten, alle berichten« und neigten zur Überschätzung »der Zeit, des Zeitgemäßen und ihrer selbst«.

*Über Gerhart Hauptmann* ist der Beitrag Horváths aus Anlaß von Hauptmanns 70. Geburtstag am 15. 11. 1932. In einer Festschrift der ›Blätter des Deutschen Theaters‹ in Berlin am 16. 2. 1932 waren namhafte Autoren wie Knut Hamsun, Georg Kaiser, Frantisek Langer, Heinrich Mann, Eugene O'Neill, Romain Rolland, G. B. Shaw, Ernst Toller, Franz Werfel, Carl Zuckmayer, Arnold Zweig und andere mit einer Gratulation vertreten. Für die ›Berliner illustrierte Nachtausgabe‹ vom 25. 2. 1932 war »die Person, die man als Wortführer Ungarns ausgewählt hat«, eine Herausforderung. »Mit einem schnoddrigen Glückwunsch, der dem Autor der dramatischen Büberei ›Geschichten aus dem Wiener Wald‹ alle Ehre macht, meldet sich Herr Ödön Horváth, der Vaterlandslose, der außerdem stolz darauf ist, den Begriff Heimat nicht zu kennen, der Pamphletist, den man höchstens einen ungarischen Renegaten, niemals einen ungarischen Dichter nennen könnte.«

Das *Interview* zwischen Willy Cronauer und Horváth wurde am 5. 4. 1932 im Bayerischen Rundfunk gesendet. Der Abdruck folgt einem Typoskript[56], das sich im Horváth-Archiv befindet und das mit hs Zusätzen und Korrekturen beider Gesprächspartner versehen ist, vermutlich also dem gesprochenen Wortlaut angepaßt wurde. Als *Variante* (S. 235-245) ist der Wortlaut des ursprünglichen Typoskripts[57], überschrieben mit *Ödön von Horváth*, ohne Korrekturen, Streichungen und Ergänzungen abgedruckt.

*Wenn sich jemand bei mir erkundigt* ist eine von Horváth verfertigte elfseitige Zusammenfassung[58] seiner Antworten während des Interviews. Die *Gebrauchsanweisung*, von Horváth nach der Uraufführung von *Kasimir und Karoline* im November 1932 verfaßt, wurde unter diesem Titel nach 1945 mehrmals (verändert) abgedruckt und diente vielen Regisseuren als Anleitung zu deren Interpretationen. Die hier wiedergegebene Fassung folgt im Wortlaut dem Original[59] unter Berücksichtigung von Horváths Korrekturen und Ergänzungen. Die innerhalb der *Entwürfe und Varianten* (S. 246-258) abgedruckten Fassungen[60] sind Entwürfe Horváths; zu diesen zählt auch die als *Kommentar* bezeichnete ursprüngliche Fassung der *Gebrauchsanweisung*. In diesem Zusammenhang ist auch Horváths *Randbemerkung zu ›Glaube Liebe Hoffnung‹* (Bd. 6,11 ff.) zu sehen.

Horváths *Briefentwurf*[62] an die Gruppe Ernst Lönner entstand im Spätherbst 1935, als die Gruppe Ernst Lönner im ›Kleinen Theater in der Praterstraße‹ in Wien *Kasimir und Karoline* wieder in den Spielplan aufnahm. Unter der Bezeichnung »Gruppe Ernst Lönner« hatten sich junge Schauspieler in Wien zusammengetan. Ernst Lönner war ein Schüler von Dr. Rudolf Beer, aus dessen Schule viele hochbegabte Schauspieler hervorgingen. Ernst Lönner kam zu Erwin Piscator nach Berlin und floh 1933 vor den Nationalsozialisten nach Österreich. Die »Gruppe Ernst Lönner« hatte *Kasimir und Karoline* am 4. 2. 1935 in der Wiener »Komödie« erstaufgeführt und am 29. 11. 1935 wieder in den Spielplan des (neugegründeten) Theaters in der Praterstraße aufgenommen.

*Was soll ein Schriftsteller heutzutage schreiben?*[63] entstand vermutlich 1936 oder 1937.
*Die Komödie des Menschen*[64] wurde nach Mitteilung von Lajos von Horváth am 1. 11. 1936 in einem Zustand tiefster Depression niedergeschrieben. Auf dem Manuskriptblatt vermerkte Horváth:

*I. Pompeji*
*Das Dorf ohne Männer.*
*II. Die Pythagoreer*
*Die Diadochen*

Der programmatische Titel *Die Komödie des Menschen* ist eine bewußte Anspielung Horváths auf *Die Tragödie des Menschen (Az ember tragédiája)* von Imre Madách (1823-1864).[65]

# *Erläuterungen*[66]

## *Verse*

15 *Jene Seuche* – Gemeint ist die Syphilis; vgl. Dr. Iwan Bloch, *Das Sexualleben in unserer Zeit in seinen Beziehungen zur modernen Kultur* (Berlin 1907, S. 397 f.): »In meinem Werke *Der Ursprung der Syphilis* (Jena 1901) habe ich, gestützt auf eine Kritik der älteren Anschauungen und unter Benutzung eines sehr reichhaltigen neuen Quellenmaterials, den Nachweis erbracht, daß die Syphilis durch die Mannschaft des Columbus von Zentralamerika, speziell der Insel Haiti, in den Jahren 1493 und 1494 in Spanien eingeschleppt worden und von dort durch den Heereszug Karls VIII. sich epidemieartig in Italien und nach Zerstreuung der Soldaten in den übrigen Ländern Europas verbreitete, auch bald durch die Portugiesen nach dem fernen Osten, nach Indien, China und Japan gebracht wurde.«

17 *Lizulein* – Möglicherweise Anspielung auf Horváths Freundin Felizia Seyd (geb. um 1900), der Horváth im September 1924 ein handgeschriebenes Exemplar seiner *Sportmärchen* widmete.

20 *wird* [. . .] *gefotzt* – Bayer. mundartlich für: geohrfeigt.

## *Das Buch der Tänze*

24 *Siegfried Kallenberg* – Siegfried (Garibald) Kallenberg (1867-1944), Komponist und Musikkritiker in München. *Das Buch der Tänze* entstand auf Kallenbergs Anregung hin.

27 *Kay Christènsen* – Konnte bisher nicht ermittelt werden.

28 *Pestballade* – Siehe hierzu Herbert Gamper, *Horváths komplexe Textur. Dargestellt an frühen Stücken*, Zürich 1987, S. 34 ff. und 44 ff.

*Otto Bacher* – Konnte bisher nicht ermittelt werden.

32 *Damaszenerklinge* – Nach der Stadt Damaskus benanntes Verfahren, Eisen und Stahl so zu bearbeiten, daß die Oberfläche eine besondere Zeichnung (Damast) erhält.

34 *Die Perle* – Siehe ebenfalls bei Gamper, *Horváths komplexe Textur*, S. 34 ff. und 44 ff.

*Sportmärchen*

50 *Legende vom Fußballplatz* – Vgl. Parallele in *Jugend ohne Gott* 13,30 ff.

*Liberia* – Westafrikanische Republik.

*Haidhausen* – Stadtteil in München.

*Belutschistan* – Hochland in Westpakistan; vom 17. Jh. an unter persischer, von 1876 bis 1947 unter britischer Herrschaft.

*Neukölln* – Stadtteil von Berlin.

*Goal* – Aus dem Engl.; veralteter, in Österreich noch gebräuchlicher Ausdruck für: Fußballtor.

51 *Trambahn* – Straßenbahn; nach dem engl. tramway.

*Unterhaching* – Vorort von München.

*Oberhaching* – Vorort von München.

56 *Kongregation* – Vereinigungen mehrerer (vor allem katholischer) Verbände.

57 *Corpus* – Lat. für: Körper.

65 *nach Canossa* – Anspielung auf Heinrich IV. (1050-1106; dt. Kaiser ab 1056), der durch einen Bußgang nach Canossa Papst Gregor VII. (1021-1085; Papst ab 1073) nötigte, den über ihn 1076 verhängten Bann wieder zu lösen.

68 *sechste Nacht* – Anspielung auf die letzte Nacht des Sechstagerennens, das seit 1893 in New York und 1909 zum ersten Mal in Europa (in der Berliner Ausstellungshalle am Zoo) ausgetragen wurde.

*Sportpalast* – Der Berliner Sportpalast war seit 1911 Schauplatz des Sechstagerennens; der »Hohenzollern-Sportpalast« in der Potsdamer Straße war am 11. 12. 1910 eingeweiht worden.

69 *Begegnung in der Wand* – Vgl. Gustl Schneider-Emhardt, *Erinnerungen an Ödön von Horváths Jugendzeit* (in: Horváth Blätter 1/83, S. 63-81; hier S. 74): »Als Alleingänger fand er einmal ein Skelett, entnahm dem halbverfaulten Rucksack und der Jacke Papiere und Gegenstände, um den Toten zu identifizieren, und brachte alles ins Tal auf die Polizeistation.«

70 *Mauerhaken* – 10-20 cm lange schmiedeeiserne Haken, die zur Absicherung der Seile von Bergsteigern in die Wand getrieben werden.

89 *»Ehre sei Gott . . .«* – Nach der Weihnachtsbotschaft bei Lukas 2,14: »Ehre sei Gott in der Höhe und Frieden auf Erden den Menschen, die guten Willens sind.«

*Kleine Prosa*

93 *Zwickau* – Kreisstadt in Sachsen; 84 701 Einw. (1933)

*Marquis de Sade* – Donatien-Alphonse-François Marquis de Sade (1740-1814); nach ihm wurde die Befriedigung sexueller

Lust durch körperliche und seelische Quälereien als »Sadismus« bezeichnet.

*zartbeknöchelte Königinnen* – Vermutlich Anspielung auf Katharina von Medici (1519-1589) und Margarete von Valois (1553-1615).

*wirrbehaarte Mönche* – Die Hugenotten, die in der Nacht zum 24. 8. 1572 (Bartholomäusnacht) niedergemetzelt wurden, trugen, im Gegensatz zu den katholischen Mönchen, keine Tonsuren, d. h. ihre Köpfe waren behaart.

*reinkarniert* – Wiedergeboren; nach Reinkarnation für: Wiedergeburt (der Seele).

*Musée Cluny* – Das Musée de Cluny in Paris beherbergt eine Sammlung mittelalterlicher Kunst, deren Hauptstück der Bildteppich »Die Dame mit dem Einhorn« aus dem 16. Jh. ist. – Horváth spielt hier auf die beiden im Musée de Cluny verwahrten Keuschheitsgürtel an, von denen einer angeblich von Heinrich II. (1519-1559; franz. König ab 1547) für dessen Frau Katharina von Medici in Auftrag gegeben worden war; ein anderer war für Anna von Österreich (1601-1666), die Gattin von Ludwig XIII. (1601-1643; franz. König ab 1610), angefertigt worden.

94 *Oskar Wilde* – Schreibweise Carl Sternheims (1878-1942) für den Titel seines Dramas über den engl. Dichter Oscar Wilde (1854-1900), das 1924 erschienen war. – Siehe auch Bd. 12,351 f.

96 *Lichtenberger* – Nach dem 17. Verwaltungsbezirk der Stadtgemeinde Berlin Lichtenberg.

*Chaplingang* – Nach der für den amerik. Filmschauspieler Charlie Chaplin (1889-1977) typischen schleppenden und schwankenden Gangart.

97 *Freud* – Sigmund Freud (1856-1939).

*Traumdeutung* – Sigmund Freud, *Traumdeutung*, 1900 erschienen. In seinem Werk *Darstellungen der Psychoanalyse* bezeichnete Freud die Traumdeutung als »die sicherste Grundlage der Psychoanalyse«.

98 *Sankt Veits* – Der Heilige Veit oder Vitus, einer der vierzehn Nothelfer, wurde der Legende nach als Knabe unter Valerian (röm. Kaiser 253-260) oder Diokletian (um 243-313 od. 316; röm. Kaiser 284-305) zum Märtyrer. Sein Gedenktag ist der 15. Juni; seine Reliquien befinden sich im St.-Veits-Dom in Prag. St. Veit gilt als Schutzpatron gegen den von wilden Zuckungen begleiteten Veitstanz, eine Erkrankung des Nervensystems.

99 *Firmung* – In der katholischen Kirche das zweite der von Christus eingesetzten Sakramente; die von einem Bischof erteilte Firmung besteht aus einer Salbung der Stirn und einem symbolischen Backenstreich. Die Firmung wird in katholischen Gegenden meist um die Pfingstzeit an zwölfjährigen Firmlingen vorgenommen.

*Seraphine* – Weiblicher Vorname nach der hebr. Bezeichnung für engelartige Wesen. Vgl. Isaias 6,2: »Über ihm schwebten Seraphim; sechs Flügel hatte ein jeder; mit zweien verhüllte er sein Angesicht, mit zweien bedeckte er seine Füße, mit zweien flog er.« In der katholischen Kirche wurden Seraphim unter die Engel eingereiht als höchster der neun Engelchöre.

106 *Kapotthütchen* – Kleiner Damenhut mit Bändern, die unter dem Kinn gebunden wurden; seit Anfang des 20. Jh.s von älteren Damen bevorzugt.

111 *nördliche Kalkalpen* – Sammelbegriff für alle Berggruppen nördlich der ostalpinen Zentralalpen.

*Schlawiner* – Geschäftstüchtiger, aber unzuverlässiger Mensch; abgeleitet von den (geschäftstüchtigen und listigen) hausierenden Slowenen bzw. Slawonier.

*Haupt- und Residenzstadt* – Gemeint ist München.

*die Juden mit ihren Knechten* – Anspielung auf Kurt Eisner (1867-1919), der am 7. 11. 1918 in München die Republik ausrief.

*Landesvater* – Ludwig III. (1845-1921), König von Bayern, verließ in der Nacht vom 7. zum 8. 11. 1918 München und dankte am 23. 11. ab; es bedeutete dies das Ende der 800jährigen Herrschaft des Hauses Wittelsbach.

*sardonisch* – Krampfhaft; nach dem Giftkraut Sardonia, das Gesichtsverzerrungen hervorrufen soll.

*Königsee* – Auch St.-Bartholomäus-See; 8 km lang, 1-2 km breit und 192 m tief; einer der schönsten Alpenseen im Berchtesgadener Land.

112 *Tarnopol* – Im südöstlichen Polen gelegen, hat Tarnopol einen hohen jüdischen Bevölkerungsanteil unter den 35 830 Einw. (1931).

*Schabbes* – Sabbat, d. i. Samstag, der Ruhetag der Juden.

*Neuen Nachrichten* – Die Tageszeitung ›Münchner Neueste Nachrichten‹ war das bedeutendste Blatt in Süddeutschland mit einer Auflage von 150 000 Exemplaren, bezeichnete sich als »unabhängig national«, aber der »Gegner stand für die MNN links, nur aus dieser Richtung drohte Staat und Volk Gefahr« (Klaus Greiner, *Die Münchner Neuesten Nachrichten 1918-1933*, S. 29-35, hier S. 31, in: *Die Zwanziger Jahre in München*, Schriften des Münchner Stadtmuseums 8, 1979).

113 *Dekolletes à la Luise* – Dezente Dekolletés, wie sie von Luise (1776-1810), Königin von Preußen, getragen wurden.

*Schmutz und Schund* – Anspielung auf das »Gesetz zur Bewahrung der Jugend vor Schund- und Schmutzschriften«, ›Schund- und Schmutzgesetz‹ genannt, vom 18. 12. 1926.

*ius primae noctis* – »Recht auf die erste Nacht« hatten die Grundherren, wenn eine ihrer Hörigen neu vermählt war.

114 *Erfüllungspolitik* – Bezeichnung für die Außenpolitik Deutschlands nach der Annahme des Londoner Ultimatums vom 4. 5. 1921 durch Reichskanzler Joseph Wirth (1879-1956); durch Erfüllung der Verpflichtungen des Versailler Vertrags sollten die Siegermächte Deutschland gegenüber wohlwollender gestimmt werden.

*hoch klingt das Lied* – Parodie Horváths auf die Ballade *Das Lied vom braven Mann* von Gottfried August Bürger (1747-1794), dessen erste Zeilen lauten: »Hoch klingt das Lied vom braven Mann, / Wie Orgelton und Glockenklang.«

115 *mein Herz in Heidelberg* – Lied (op. 130) von Fred Raymond (eigentl. Friedrich Vesely; 1900-1954), Text von Beda (eigentl. Fritz Löhner; 1883-1943) und Ernst Neubach aus dem Jahr 1925. Im Refrain heißt es: »Ich hab mein Herz in Heidelberg verloren, / in einer lauen Sommernacht.« Später schrieb Raymond ein Singspiel mit dem Lied als Mittelpunkt, das 1927 an der Wiener Volksoper mit großem Erfolg uraufgeführt wurde.

*Held einer Pubertätstragödie* – Anspielung auf den Moritz in *Frühlings Erwachen* von Frank Wedekind (1864-1918). Möglicherweise gleichzeitig auch eine Anspielung auf die Darstellung durch Gustaf Gründgens (1899-1963) unter eigener Regie am 1. 9. 1926 in den Hamburger Kammerspielen.

117 *Amazonas* – Größter Strom Südamerikas.

*Orellana* – Francisco de Orellano (um 1505-1550) nahm an der Eroberung von Peru teil. Als erster Europäer fuhr er 1541/42 mit nur wenigen Männern in acht Monaten den Amazonas abwärts; sein Versuch, den Strom aufwärts zu fahren, mißglückte.

*Para* – Eigentl. kein Fluß, sondern die trichterförmige Mündungsbucht des Amazonas und seiner Nebenarme.

*Rio des Amazonas* – Richtig: Rio de las Amazonas.

*Señor* – In Horváths Typoskript: Sennor.

118 *das Schreiberlein* – Vermutlich Anspielung auf den Roman des Wiener Schrifstellers Richard Arnold Bermann (1883-?), dessen »Buch vom Amazonenstrom«, *Das Urwaldschiff*, unter dem Pseudonym Arnold Höllriegel 1927 im Wegweiser-Verlag (Volksverband der Bücherfreunde) in Berlin erschien.

121 *Mussolini* – Benito Mussolini (1883-1945), »Duce«, der Führer der italienischen Faschisten.

*Locarno* – Gemeint ist die Konferenz von Locarno im Tessin vom 5. bis zum 16. 10. 1925, auf welcher der zwischen Belgien, Deutschland, Frankreich, Großbritannien, Italien, Polen und der Tschechoslowakei geschlossene Rheinpakt die Unverletzlichkeit der Grenzen und eine Nichtangriffsverpflichtung zwischen Deutschland, Frankreich und Belgien vorsah.

*Komintern* – Auf dem Moskauer Kongreß vom 2. bis zum 6. 3. 1919 gegründete Organisation der kommunistischen Parteien der ganzen Welt.

122 *»Panzerkreuzer Stingl« / »Reichspostminister Potemkin«* – Anspielung auf den sowjetischen Film *Panzerkreuzer Potemkin* von S. M. Eisenstein (1898-1948), der am 29. 4. 1926 in Berlin Premiere hatte. Ursprünglich von der Zensur verboten, wurde der Film für Berlin schließlich freigegeben und lief ein Jahr lang in einem Kino in Berlin; in der Provinz durfte der Film nicht gezeigt werden. – Karl Stingl (1864-?), Mitglied der BVP, war

von November 1922 bis August 1923 und von Januar 1925 bis Dezember 1926 Reichspostminister.

*Külz* – Wilhelm Külz (1875-1948), von Januar 1926 bis Januar 1927 Reichsinnenminister, setzte das umstrittene ›Schund- und Schmutzgesetz‹ vom 18. 12. 1926 durch.

*Pyrrhussiege* – Seit dem Sieg des Pyrrhus (319-272 v. Chr.), König von Epirus, über die Römer bei Ausculum (279 v. Chr.), bezeichnete man so Siege mit hohen Verlusten.

124 *Allerheiligen auf einen Samstag* – Samstag, 1. 11. 1924.

126 *Kuomintang* – Die ›Nationale Volkspartei Chinas, 1912 von Sun Yat-sen gegründet, wurde unter Tschang Kai-schek 1928 zur Regierungspartei Chinas; Tschang Kai-schek hatte schon im März 1927 mit den Kommunisten gebrochen.

129 *Noske* – Gustav Noske (1868-1946), SPD-Politiker, warf im Januar 1919 als Oberbefehlshaber der regierungstreuen Truppen den Spartakistenaufstand in Berlin nieder und wurde im Februar 1919 der erste Reichswehrminister; nach dem Kapp-Putsch mußte Noske auf Druck der SPD im März 1920 zurücktreten.

*Arbeiterwohlfahrtlotterie* – Eine Lotterie (Auslosung), deren Reinertrag der Arbeiterwohlfahrtspflege, d. h. den unterstützungsbedürftigen Arbeitern zugute kam.

130 *Marat* – Jean Paul Marat (1744-1793) war während der Französischen Revolution einer der radikalsten Wortführer. Marat wurde am 13. 7. 1793 im Bad von Charlotte de Corday (1768-1793) erstochen.

*Reichswehrminister* – Seit dem 27. 3. 1920 war, als Nachfolger Noskes, Otto Geßler (1875-1955) bis zum 18. 1. 1928 Reichswehrminister; auf ihn folgte (bis zum 8. 10. 1931) Wilhelm Groener (1867-1939).

*Prinz von Wales* – Seit 1301 der Titel des englischen Thronerben; Horváth spielt hier auf den sehr beliebten, volkstümlichen Eduard VIII. (1894-1974) an.

*Poincaré* – Raymond Poincaré (1860-1934) war 1922-1924 und 1926-1929 Ministerpräsident Frankreichs.

132 *»Bei Gott ist kein Ding unmöglich«* – Zit. nach Lukas 1,37. – Siehe auch *Der ewige Spießer* 12,360.

*Protektion* – Vgl. die Parallele in *Sechsunddreißig Stunden* 12,37.

*Henny Porten* – (1890-1960), erster deutscher Stummfilmstar. – Siehe auch Bd. 12,334.

*Lya de Putti* – (ca. 1900-1931), Stummfilmstar. – Siehe auch Bd. 12,334.

*Dolores del Rio* – (geb. 1905), mexikanische Filmschauspielerin. – Siehe auch Bd. 12,334.

*Carmen Cartellieri* – (1891-1953), Stummfilmstar. – Siehe auch Bd. 12,334.

133 *Fürst Alm* – Aussichtscafé auf dem Dünaberg am Ortsrand von Murnau, das von Josef Fürst (1863-1940), dem Herausgeber des Murnauer ›Staffelsee-Boten‹, Mitte der zwanziger Jahre eröffnet wurde. Vgl. Elisabeth Tworek-Müller, *Provinz ist überall. Zum Vorbildcharakter des bayerischen Oberlandes in der kleinen Prosa von Ödön von Horváth*, in: Traugott Krischke (Hg.), *Horváths Prosa*, Frankfurt/Main 1988. – Horváth selbst war öfter Gast in der Fürst Alm; am 15. 1. 1929 schrieb er an seine Münchner Bekannte Lotte Fahr, »ich sehne mich nach der Fürstalm, um mit Dir Schach spielen zu können« (in: Horváth Blätter 1/83, S. 105).

*Graf-Arco-Preisschießen* – Siehe S. 135 f.

*Kampf um die Lederhose* – Vgl. Elisabeth Tworek-Müller *(Provinz ist überall)*: »Fürst bestimmte in mehrfacher Hinsicht das öffentliche Leben in der Gemeinde [Murnau]. Er war 40 Jahre lang Vorsitzender des Turnvereins Murnau, ließ die Turnhalle an der Bahnhofstraße erbauen und rief den örtlichen ›Gebirgstrachten-Erhaltungsverein‹ ins Leben.«

*Andreas Hofer* – Tiroler Freiheitskämpfer (1767-1810).

134 *Allgäu* – Gemeint sind die Allgäuer Alpen, über deren Hauptkamm die Grenze zu Österreich verläuft.

*Tölz* – Bad Tölz, oberbayer. Bezirksstadt; 6700 Einw. (1928).

*Zugspitze* – Mit 2962 m höchster Berg Deutschlands.

*Wetterstein* – Wettersteingebirge in den Nördlichen Kalkalpen mit der Zugspitze als höchste Erhebung.

*Teufelsgrat* – Name eines 1,2 km langen Grats im Wettersteingebirge.

*Wank* – Bergrücken (1780 m) nördl. von Partenkirchen.

*Krottenkopf* – Berggipfel nordöstl. von Partenkirchen; 2086 m.

*Heimgarten* – Am Walchensee gelegener Berg, 1790 m hoch.

*Herzogstand* – Hauptgipfel des Walchenseegebietes, 1731 m hoch.

*Benediktenwand* – Bayer. Voralpenmassiv, 1803 m hoch.

*Ettaler Manndl* – Felskopf nordöstl. von Ettal, 1638 m hoch.

135 *Oberland* – Bezeichnung für das höher gelegene Gebiet eines Landes.

*Partenkirchen* – Oberbay. Marktgemeinde, 4830 Einw. (1925); zusammen mit dem sich unmittelbar anschließenden Garmisch einer der beliebtesten Sommer- und Winterkurorte. Ausgangspunkt für Horváths Bergtouren.

*Markt* – Mit dem *sogenannten schmucken Markt* meint Horváth die Marktgemeinde Murnau am Staffelsee, 2770 Einw. (1925). – Siehe auch *Italienische Nacht* 3,164.

*Schützen* – Schützengesellschaften sind von Mitte des 14. Jh.s an nachweisbar; seit den Befreiungskriegen (1813-1815) von großer nationaler Bedeutung mit dem Ziel, den Schieß- und Wehrsport, die Wehrertüchtigung und den »volkstümlichen Geist« zu pflegen.

*Bowiemesser* – Dolchähnliches Jagdmesser in lederner Scheide; nach Rezin P. Bowie (1793-1841) benannt.

*Graf Arco* – Maximilian Graf von Arco (1777-1809).

*Kurt Eisner* – Geb. 1867, bayerischer Ministerpräsident, wurde am 21. 2. 1919 auf dem Weg zum Landtag von dem Studenten Graf Anton von Arco (1897-1945) ermordet.

136 *bis M. und H.* – Bis Murnau und bis Habach, ein kleines Dorf in unmittelbarer Nähe von Murnau.

*verdienter Priester* – Gemeint ist Benefiziat [Hans] J[akob] Gebhardt (1883-1953).

*»Bayerland«* – ›Das Bayerland‹, eine »illustrierte Halbmonatsschrift für Bayerns Land und Volk. Amtlich empfohlen von sämtlichen bayerischen Staatsministerien«. Herausgeber war Dr. Georg Jacob Wolf. Als 1. April-Heft 1929 (40. Jg., Nr. 7)

erschien das Sonderheft *Murnau und der Staffelsee*, und in diesem auch der von Horváth zitierte Aufsatz von J. Gebhardt.

*Socka* – Bayer. mundartl. für: dummer Mann.

*spanischer Erbfolgekrieg* – Der um das Erbe des letzten spanischen Habsburger, Karl II. (1661-1700; König seit 1665) geführte europäische Krieg 1701-1714.

*Benediktbeuern* – Richtig: Benediktbeuren; oberbayer. Landgemeinde; 1470 Einw. (1925); berühmte Benediktinerabtei.

*frischfrommfröhlich* – Nach dem Turnerwahlspruch »Frisch, fromm, fröhlich, frei« des »Turnvaters« Friedrich Ludwig Jahn (1778-1852); geht zurück auf einen Studentenspruch aus dem 16. Jh.

137 *Jubilarscheibe* – Bemalte Zielscheiben (Ehrenscheiben) des Schützenvereins oder der Schützengilde aus Anlaß eines Jubiläums.

*partikularistischer Tendenzen* – Die Absicht (kleiner Länder), eigenen Interessen gegenüber dem Ganzen Vorrang zu geben; nach dem lat. particula für: Teilchen.

139 *weißblauen Kalkalpen* – Nach den bayer. Landesfarben Weiß und Blau geprägter Ausdruck für die Bergketten der Ostalpen nördlich der Zentralalpen.

*20. Mai* – Am 20. 5. 1928 fanden die Wahlen zum 4. Reichstag und Landtagswahlen in Bayern statt. Bei den Reichstagswahlen waren die Sozialdemokraten die Gewinner der Wahlen und erhöhten die Zahl ihrer Sitze von 132 auf 152; zusammen mit den Kommunisten, die ebenfalls Stimmgewinne hatten, erreichten sie insgesamt 42% aller Mandate. In Bayern verlor die KPD 4 Sitze, während die SPD die Anzahl ihrer Sitze um 11 auf insgesamt 34 erhöhte; stärkste Partei in Bayern war die BVP mit 46 Sitzen.

141 *Dalila ihren Simson* – Nach dem *Buch der Richter* (16,4 ff) war Dalila (oder Delila) die Geliebte des Simson: »Die Fürsten der Philister kamen zu ihr herauf und redeten ihr zu: ›Betöre ihn doch und bringe in Erfahrung, worin seine große Kraft besteht, damit wir ihn bezwingen und fesseln können, um ihn zu überwältigen!‹«

*illustre Korona* – Erlesene Runde.

*Kardinal Faulhaber* – Michael von Faulhaber (1869-1952), seit 1917 Erzbischof von München und Freising, seit 1921 Kardinal.

*Circe* – Auch: Kirke; Zauberin auf der Insel Aia; Odysseus, dessen Gefährten sie zuerst in Schweine verwandelt hatte, blieb ein Jahr lang bei ihr auf der Insel und zeugte mit ihr einen Sohn.

*Krischperl* – Bayer. mundartl. für: magerer Mensch.

142 *Owen Young* – Owen Dr. Young (1874-1962), amerik. Wirtschaftsführer; seit 1924 Präsident der Internationalen Sachverständigen-Kommission zur Regelung der Reparationsfrage; der nach Youngs Vorschlägen ausgearbeitete und nach ihm benannte Plan löste 1930 den Dawesplan ab und blieb bis 1931 praktisch, bis 1932 formal in Kraft.

*der Geist willig* – Nach Matthäus 26,41: »Der Geist ist willig; aber das Fleisch ist schwach.«

144 *Souvenir* – Franz. für: Erinnerung.

*K. K. Ärar* – Kaiserlich königliche (österr.) Staatskasse.

146 *Sukzeß* – Eigenwillige Schreibweise des franz. succès für: Erfolg.

*Wahlversammlung in Oberlochhausen* – Elisabeth Tworek-Müller weist auf einen Bericht über eine Schlägerei hin, anläßlich einer Versammlung der NSDAP in Oberammergau im Frühjahr 1930, über die der Murnauer ›Staffelsee-Bote‹ am 13. 9. 1930 berichtete.

148 *Schlawak* – Mundartausdruck für sehr geschäftstüchtige Hausierer slowenischer Herkunft; ähnlich dem Begriff Schlawiner. Siehe S. 276.

149 *VIII. Bezirk* – Der achte Wiener Gemeindebezirk, nach dem ehem. Vorort »Josefstadt« benannt. – Siehe auch Bd. 4,214 f.

150 *Altruismus* – Selbstlosigkeit, Uneigennützigkeit aus Rücksicht auf andere.

*Continental* – Im 2. Wiener Gemeindebezirk gelegenes Hotel.

153 *Fliegenfänger* – Geleimte Papierstreifen, die an der Decke oder an einer Lampe befestigt wurden, an dem Fliegen und Insekten kleben blieben und verendeten.

*Füssen* – Sommerfrische und Wintersportplatz im Allgäu; 6200 Einw. (1928).

154 *Tücke des Objekts* – Nach dem Roman *Auch einer* (1879) von Friedrich Theodor Vischer (1807-1887).

155 *Altenau* – Dorf, 18 km von Oberammergau entfernt. Elisabeth Tworek-Müller weist nach, daß Horváth mit Altenau die Gemeinde Murnau meinte und der Text »von der Lektüre des ›Bayerland‹-Heftes Murnau und der Staffelsee geprägt ist«, dem Horváth auch die historischen Fakten (fast wörtlich) entnahm. – Vgl. Elisabeth Tworek-Müller, *Provinz ist überall. Zum Vorbildcharakter des bayerischen Oberlandes in der kleinen Prosa Horváths*, in: Traugott Krischke (Hg.), *Horváths Prosa*, Frankfurt/Main 1988.

*Trust* – Kapitalmäßiger Zusammenschluß mehrerer Unternehmen.

156 *ein Pfarrer* – Nach Elisabeth Tworek-Müller Anspielung auf Hansjakob Gebhardt, der »nach Aussagen von Zeitgenossinnen Horváths [...] in Murnau als sittenstrenger Moralist und sehr traditionsgebunden« galt. – Siehe unter 155.

160 Onkel Pepi – Horváths Onkel Josef Prehnal (1875-1929), Inspektor der Österreichischen Nationalbank, k. u. k. Leutnant der Reserve.

*à la Jugend* – Nach der in München erscheinenden Zeitschrift ›Jugend‹ als »Jugendstil« bezeichnete Richtung mit stilisierten, meist pflanzlichen Ornamenten.

*Piaristengasse* – Ödön von Horváth wohnte 1919 vorübergehend bei seinem Onkel Josef Prehnal, wurde dann aber von seinen Eltern nach München geholt, da die Wohnung des Onkels sich in den Augen der Eltern als »sehr verwegenes Haus« erwiesen hatte, wo Ödön oftmals zum Zeugen »ausgelassener Feste« wurde, wie sich Lajos von Horváth später erinnerte.

*grande Zozott* – Gemeint ist »grande Cocotte«, wie man seit Ende des 18. Jh.s die berühmten Kurtisanen bezeichnete.

*süßen Mädl* – Nach den von Arthur Schnitzler (1862-1931) so bezeichneten Mädchenfiguren. »Sie ist nicht faszinierend schön – sie ist nicht besonders elegant – und sie ist durchaus nicht geistreich ... [...] Aber sie hat die weiche Anmut eines Frühlingsabends ... und die Grazie einer verzauberten Prinzessin ... und den Geist eines Mädchens, das zu lieben weiß!« (In: *Weihnachtseinkäufe* aus dem *Anatol*-Zyklus.)

*Purkersdorf* – An der Westbahnstrecke Wien–St. Pölten gelegener Villenvorort Wiens; 4560 Einw. (1923).

*Przemysl* – In der Nähe von Lemberg gelegene polnische Kreisstadt; 47 960 Einw. (1921).

*Újvidék* – Jugosl.: Novi Sad, deutsch: Neusatz; am linken Donauufer gelegen; 39 150 Einw. (1921). – Siehe auch Bd. 12,391.

161 *fin de siècle* – Seit 1890 Begriff für die Untergangsstimmung des (19.) Jh.s – Siehe Bd. 12,400.

*Wenn du mal* – Vgl. *Glaube Liebe Hoffnung* 5,61 und *Sechsunddreißig Stunden* 12,17.

165 *Alexander* – Alexander der Große (356-323 v. Chr.)

*Hermann der Cheruskerfürst* – Im 17. Jh. aufgekommene falsche Bezeichnung für Arminius, den Cheruskerfürsten (18 od. 16 v. Chr.–19 od. 21 n. Chr.), der 9 n. Chr. im Teutoburger Wald die Römer besiegte.

*Sardanapal* – Griechischer Name für den Assyrerkönig Asurbanipal (um 700 n. Chr.)

167 *Paragraphen 181a (Zuhälter)* – Siehe *Rund um den Kongreß* 1,225 u. 321 f.

*Syndikus* – Ständiger Rechtsbeistand eines Unternehmens.

*Soiree* – Abendgesellschaft.

168 *Nebbich* – Ein Niemand (vom jidd. nebach abgel.). – Siehe Bd. 12,366 f. u. 414.

*»unter dem Strich«* – Der Strich, der das Feuilleton, d. h. den literarisch gestalteten Teil einer Zeitung vom politischen Teil trennte, wurde 1800 im ›Journal des Débats‹, einer vornehmen Pariser Abendzeitung, durch Louis François Bertin (genannt Bertin l'aîné; 1766-1841) eingeführt.

169 *Fluidum* – Aus dem Lat. entlehnt für: die von jemandem ausgehende Wirkung.

172 *Das Märchen in unserer Zeit* – Motivparallele zu dem 1935 gedrehten Film *Das Veilchen vom Potsdamer Platz*, in dem die Geschichte von einem armen Berliner Blumenmädchen erzählt wird, das den Droschkengaul ihres Pflegevaters vor dem Schlächter retten will. Der Film, nach einem Drehbuch von B. E. Lüthge mit Rotraut Richter in der Hauptrolle, wurde am 16. 11. 1939 in Berlin uraufgeführt.

## *Autobiographisches und Theoretisches*

182 *Fiume* – Kroatisch: Rijeka, gehörte seit 1779 zu Ungarn und wurde 1849 Kroatien zugeteilt, 1870 aber wieder der ungarischen Regierung unmittelbar unterstellt. Von den insgesamt 38 955 Einwohnern im Jahr 1900 waren »17 354 Italiener, 5 136 Illyrer, 7 497 Kroaten, 2 842 Magyaren, 2 251 Winden, 1 945 Deutsche« (*Meyers Großes Konversationslexikon*, Leipzig 1907).

*S. M.* – Abkürzung für: Seine Majestät.

*die Ermordung* – Am 11. 6. 1903 gegen 1 Uhr nachts wurden König Alexander I. (geb. 1876) und dessen Gattin Draga in Belgrad von Offizieren ermordet.

184 *Belgrad* – Serb. Beograd; Hauptstadt Serbiens; 72 565 Einw. (1903). Horváth lebte dort von 1903 bis 1908.

*Budapest* – Hauptstadt Ungarns; 882 000 Einw. (1910). Horváth lebte dort in den Jahren 1908 bis 1913.

*Preßburg* – Slowakisch Bratislava, ung. Pozsony; spätere Hauptstadt der Slowakei; 78 000 Einw. (1920). Horváth besuchte 1916 und 1917 in Preßburg die Oberrealschule.

*Wien* – Nach Wien kam Horváth 1919 und machte da sein Abitur; 1923 hatte Wien 1 865 780 Einw.

*München* – Horváths Vater war bereits 1909 nach München beordert worden und blieb dort bis Ende 1917. Während dieser Jahre hielt sich Ödön von Horváth immer wieder bei den Eltern in München auf und nahm im Herbst 1919 in München seinen Wohnsitz. 1925 hatte München 680 700 Einw.

196 *Cronauer* – Willi Cronauer (1901-1974) hatte mit Horváth zusammen das Wilhelms-Gymnasium in München besucht.

*interviewen* – Unter dem Titel *Gespräch mit Ödön von Horváth* wurde das Interview am 5. 4. 1932 im Bayerischen Rundfunk gesendet.

197 *Albrecht Dürer* – Dürers Vater, Albrecht Dürer (1427-1502), wurde in Gyula (Ungarn) geboren.

199 *Pantomime* – Gemeint ist *Das Buch der Tänze* von »Ödön J. M. von Horváth«. – Siehe auch S. 263 f.

*eine Schmach* – Vermutlich meint Horváth die Rezension in der ›Osnabrücker Allgemeinen Zeitung‹ vom 21. 2. 1926, die mit den Worten begann: »Man war enttäuscht!« Diese Kritik war übrigens nicht die *erste Kritik*, wie Horváth sagte. Die erste (bisher festgestellte) Kritik betraf den »Ersten Abend des Kallenberg-Vereines in München« am 7. 2. 1922, in dem außer Horváths *Buch der frühen Weisen* auch aus dem *Buch der Tänze* rezitiert wurde. – Siehe S. 263.

200 *Die Bergbahn* – Horváth hatte sein erstes Stück *Revolte auf Côte 3018* nach der Uraufführung an den Hamburger Kammerspielen am 4. 11. 1927 umgearbeitet; unter dem Titel *Die Bergbahn* wurde es am 4.1. 1929 durch die Berliner Volksbühne im Theater am Bülowplatz uraufgeführt.

205 *Abschaffung der Garderobe* – Vgl. Horváths Brief an Hans Henny Jahnn (1894-1959) in dessen Funktion als Präsident vom ›Kartell Hamburger Künstlerverbände‹ vom 25. 9. 1929: *Der Platzpreis ist ja die Kardinalfrage des heutigen Theaters. Es dreht sich doch darum: für wen spielt man? Hoffentlich wird es der geplanten Hamburger Bühne gelingen, einer Unzahl Menschen, denen es infolge der heutigen Platzpreise unmöglich ist oder zumindest sehr erschwert wird, zu ermöglichen, sich selbst zu erleben* (Horváth Blätter 1/83, S. 113). Siehe hierzu auch Horváths Entwurf zu einem Offenen Brief an den Schriftleiter des ›Murnauer Tagblattes‹, Ernst Fürst, in: Horváth Blätter 2 (1984), S. 117 ff.

211 *ein Stück aus der Inflationszeit* – *Sladek oder Die schwarze Armee* bzw. *Sladek, der schwarze Reichswehrmann.*

220 *im ersten Bild* – Horváth bezieht sich hier auf die 3. Szene von *Kasimir und Karoline.*

222 *in Berlin uraufgeführt* – Als »Uraufführung in der Berliner Besetzung« hatte *Kasimir und Karoline* am 18. 11. 1932 im Leipziger Schauspielhaus Premiere und wurde vom 25. 11. 1932 an als »Gastspiel der Ernst Josef Aufricht-Produktion« im Berliner Komödienhaus gespielt.

*Satire auf München* – *Kasimir und Karoline* war von der Aufricht-Produktion als »Abend auf dem Oktoberfest von Ödön Horváth« angekündigt worden. Herbert Ihering (Berliner Börsen-Courier, 26. 11. 1932) bemerkte einen »›volkstümlichen‹ und einen ›ironischen‹ Teil«; für Monty Jacobs (Vossische Zeitung, 26. 11. 1932) demaskierte Horváth »die große Oktoberfest-Gaudi«; keine Satire war das Stück für Bernhard Diebold (Frankfurter Zeitung, 25. 11. 1932), denn »Horváth ist es wurscht. Und wem es wurscht ist – der kann keine Satire schreiben«. Nach Paul Fechter (Deutsche Allgemeine Zeitung, 26. 11. 1932) war der »Seele des Dichters die vitale Wirklichkeit des Volkes unzugänglich: er vermag ihm nur mit der Überheblichkeit billiger Ironie beizukommen«; Kurt Pinthus (8-Uhr-Blatt, 26. 11. 1932) meinte, Horváth falle »zuweilen der Gefühlsseligkeit, die er verspotten will, selbst anheim.« Nur Alfred Kerr (Berliner Tageblatt, 26. 11. 1932) bemerkte: »Sind alle Begebnisse nur lokal? Sie sind vielleicht unübersetzbar; doch nicht nur lokal. Warum? Weil hinter dem bayerischen Ulk ein Weltgefühl steht. Ein Lebensgefühl. Ein soziales Gefühl. Ein Menschengefühl.«

224 *Marlitt* – Eugenie John (1825-1887) debütierte 1846 als Sängerin in Leipzig, lebte 1853-1863 als Vorleserin, Gesellschafterin und Reisebegleiterin der Fürstin Mathilde von Schwarzburg-Sondershausen, dann als freie Schriftstellerin. Ihre Romane erschienen alle zuerst in dem Familienblatt ›Die Gartenlaube‹ und hatten einen unerhörten Erfolg; sie gilt einerseits als Vertreterin des unterhaltenden Frauenromans, andererseits als Inbegriff literarischen Kitsches. Ihre bekanntesten Romane sind *Goldelse* (1867), *Das Geheimnis der alten Mamsell* (1868), *Die Reichsgräfin Gisela* (1869), *Das Heideprinzeßchen* (1872).

225 *für den Film z. B. geschrieben* – Zu Horváths Filmtätigkeit siehe seine Filmexposés in Band 15. – Vgl. hierzu auch Martin Hell, *Kleinbürgerlicher Kunstgenuß: Kino und Trivialliteratur im Werk Horváths*, in: Traugott Krischke (Hg.), *Horváths Stücke*, Frankfurt/Main 1988.

227 *Liebe, Pflicht und Hoffnung* – Unter diesem Titel wurde Horváths *Glaube Liebe Hoffnung* am 13. 11. 1936 im Wiener ›Theater für 49‹ uraufgeführt.

*Das jüngste Gericht* – Das Schauspiel *Der jüngste Tag*.

*»Mit dem Kopf durch die Wand«* – Eine Auftragsarbeit des Wiener Max Pfeffer Verlages. Die Uraufführung fand am 10. 12. 1935 an der Wiener ›Scala‹ statt. Siehe hierzu Bd. 7, 448 f.

246 *p.t.* – Lat. pleno titulo für: Verehrte(r).

## *Quellen und Hinweise*

1 Bei der Transkription der hs (= handschriftlichen) Texte Ödön von Horváths werden durch [ ] Zusätze bzw. Ergänzungen markiert. Innerhalb dieser Transkriptionen wird der Autorentext durch *Kursivdruck*, der Editorentext durch Geradschrift ausgewiesen. HA/B steht für: Ödön von Horváth-Archiv in Berlin an der Akademie der Künste (mit nachfolgender Ordnungsnummer der einzelnen Blätter).

2 *Interview* mit Willi Cronauer, S. 199.

3 Laut Mitteilung von Lajos von Horváth an den Hg. am 13. 10. 1964.

4 Im HA/B unter $D_{h\ pr}$ deponiert. Reproduktion in: Traugott Krischke und Hans F. Prokop (Hg.), *Ödön von Horváth. Leben und Werk in Dokumenten und Bildern*, Frankfurt/Main 1972, S. 23-25.

5 Faksimile, ebd., S. 28 f., – Original HA/B, 72c.

6 Faksimile, in: Horváth Blätter 1/83, S. 53-62.

7 Beide Originale in Privatbesitz.

8 HA/B, 72b, 72c, 72d.

9 HA/B, 72b, 72d.

10 Ulrich Becher, *Stammgast im Liliputanercafé*, in: Ödön von Horváth, *Stücke*, Reinbek 1961, S. 429.

11 Siehe S. 177.

12 Géza von Cziffra, *Kauf dir einen bunten Luftballon. Erinnerungen an Götter und Halbgötter*, München-Berlin 1975, S. 87-96.

13 J. St-g, *Kallenberg-Verein*, in: München-Augsburger Abendzeitung, 10. 2. 1922. – Siehe hierzu auch S. 199 und 289.

14 *Über unser Buch der Tänze*, S. 181.

15 H. W., *Uraufführung. Das Buch der Tänze*, in: Osnabrücker Zeitung, 21. 2. 1926.

16 W. H., *Uraufführung im Stadttheater*, in: Osnabrücker Tageblatt, 21. 2. 1926.

17 E. H., *Kammertänze – Das Buch der Tänze. Günter Hess und der Bewegungschor*, in: Osnabrücker Allgemeine Zeitung, 21. 2. 1926.

18 [Anonym], *Tanzabend Günter Hess*, in: Osnabrücker Volkszeitung, 21. 2. 1926.

19 Günter Hess am 26. 10. 1957 an den Hg.

20 Das den Eltern gewidmete Exemplar befindet sich in Privatbesitz. – Vgl. hierzu S. 231-234.

21 Mus. Mss. 7779, 7792-4, 7835.

22 Die Skizze zu einer Tanzgroteske mit dem Titel *Abenteuer im lila Molch*, im Kallenberg-Nachlaß (Horváths Typoskript: Mus. Mss. 7822a; Kallenbergs Klavierauszug: Mus. Mss. 7821) wird im Supplement innerhalb der Exposés abgedruckt.

23 Mus. Mss. 7773/167.

24 Faksimile des Programmzettels in: Traugott Krischke und Hans F. Prokop (Hg.), *Ödön von Horváth*, S. 38.

25 Mus. Mss. 7773/15; hs Vermerk Kallenbergs: »Mit schalkhaftem Ausdruck«.

26 BZ am Mittag, 21. 11. 1924: *Drei Sportmärchen / Was ist das? Start und Ziel. Vom artigen Ringkämpfer/*.
Berliner Volkszeitung, 18. 11. 1926: *Legende vom Fußballplatz* – 21. 11. 1926: *Vom artigen und unartigen Ringkämpfer* – 5. 12. 1926: *Start und Ziel.*
Simplicissimus, 22. 9. 1924: *Der Faustkampf, das Harfenkonzert und die Meinung des lieben Gottes* – 13. 10. 1924: *Aus einem Rennradfahrerfamilienleben* – 15. 11. 1924: *Vom artigen und unartigen Ringkämpfer* – 20. 4. 1925: *Legende vom Fußballplatz* – 6. 12. 1926: *Der Herr von Bindungshausen.*

27 Original in Privatbesitz; Faksimile in: Horváth Blätter 2 (1984), S. 69-73.

28 HA/B, 62c.

29 HA/B, Hbr

30 HA/B, 66; Faksimile in: Traugott Krischke und Hans F. Prokop (Hg.), *Ödön von Horváth. Leben und Werk in Daten und Bildern*, Frankfurt/Main 1977, S. 85.

31 Wie 24.

32 *Lachkrampf:* 4 Blatt (Typoskript), HA/B, 47s.
*Die Versuchung:* 4 Blatt (Typoskript), HA/B, 47i.
*Großmütterleins Tod:* 10 Blatt (hs), HA/B, 47n. Am Rand des Blattes hs vermerkt: *Grossmutter. Lachkrampf. Der Tod aus Tradition.*

*Legende vom Fußballplatz. Sportmärchen.*
*Geschichte einer kleinen Liebe:* 3 Blatt (Typoskript), HA/B, 67.
*Der Tod aus Tradition:* 6 Blatt (Typoskript), HA/B, 47e; von Horváth hs unter dem Titel ergänzt: *Eine Legende aus den nördlichen Kalkalpen.*

33 3 Blatt (Typoskript), HA/B, 47w.

34 4 Blatt (Typoskript), HA/B, 47b; der Titel *Amazonas. Eine romantische Novelle von Ödön v. Horváth* wurde hs ergänzt.

35 2 Blatt (Typoskript); HA/B, 4b.

36 Bd. 12,153 f.

37 7 Blatt; HA/B, 4a; der letzte Satz (*Gute Nacht, Frau Kommerzienrat!*) fehlt in dem Abdruck des Kiepenheuer Verlages.

38 HA/B, 47c.

39 *Die Fürst Alm:* HA/B.

40 4 Blatt (Typoskript); HA/B, 47j.

41 HA/B, 47u.

42 4 Blatt (Typoskript), 47g.

43 *Der Stolz Altenaus:* 3 Blatt (Typoskript); HA/B, 47p; im HA/B deponiert unter dem Titel *Ich will in meiner Heimat begraben sein.*
*Vom kleinen Beamten:* 2 Blatt (Typoskript), 47ad.
*Mein Onkel Pepi:* 2 Blatt (Typoskript), HA/B, 68.
*Das Café, in dem Michael Babuschke saß:* 2 Blatt (Typoskript); HA/B, 47d. Der Titel stammt nicht von Horváth.
*Emil:* 3 Blatt (Typoskript); HA/B, 471.
*Nachruf:* 2 Blatt (Typoskript); HA/B, 47t.
*Wer den Pfennig nicht ehrt, ist des Talers nicht wert:* 2 Blatt (Typoskript mit hs Korrekturen); HA/B, 47ag.

44 2 Seiten (hs); HA/B, 31a.

45 Typoskript; HA/B, 26b.

46 HA/B, 16c. – Siehe auch Horváth Blätter 1/83, S. 7 ff.

47 Lydia Busch-St. Clair am 7. 2. 1958 an den Hg.

48 Walther Mehring, *Erinnerungen an Ödön von Horváth*, in: Programmheft zu *Geschichten aus dem Wiener Wald*, Schauspielhaus Zürich, 1963/64, S. 1-3; hier: S. 3.

49 Siehe auch S. 263 f.

50 Ein Typoskript im Horváth-Archiv ist deklariert als »Abschrift«.

51 HA/B, 64d und 64e.
52 HA/B, 64k.
53 Ebd.
54 HA/B, 55b
55 Siehe S. 267.
56 HA/B, 64i.
57 Ebd.
58 Ebd.
59 HA/B, 64h.
60 HA/B, 64b, 64e, 64f und 64g.
61 HA/B, 64h.
62 HA/B, 64a; Faksimile des Briefes in: Traugott Krischke (Hg.), *Materialien zu Ödön von Horváths »Kasimir und Karoline«*, Frankfurt/Main 1973, S. 132.
63 HA/B, 64l.
64 HA/B, 14b; Faksimile in: Traugott Krischke und Hans F. Prokop (Hg.), *Ödön von Horváth. Leben und Werk in Daten und Bildern*, S. 193.
65 Vgl. hierzu Johann Bossinade, *Modell des vorbildlichen Sklaven. Figuren und Figurationen in Horváths »Pompeji«*, und Eva Kun, *»Die Komödie des Menschen« oder: Horváth und Ungarn*, beide in: Traugott Krischke (Hg.), *Horváths Stücke*, Frankfurt/Main 1988.
66 Der Herausgeber dankt Herrn Alexander Fuhrmann, München, für wertvolle Hinweise zur Dechiffrierung zeitgeschichtlicher Bezüge und Elisabeth Tworek-Müller, Murnau, dafür, daß sie auch ihre noch unveröffentlichten Forschungsergebnisse zur Verfügung stellte.

suhrkamp taschenbücher
Eine Auswahl



2/1/8.86

2/3/8.86

2/4/8.86

2/5/8.86

2/6/8.86

2/7/8.86